여기는 빠른섬
미디어를 배웁니다

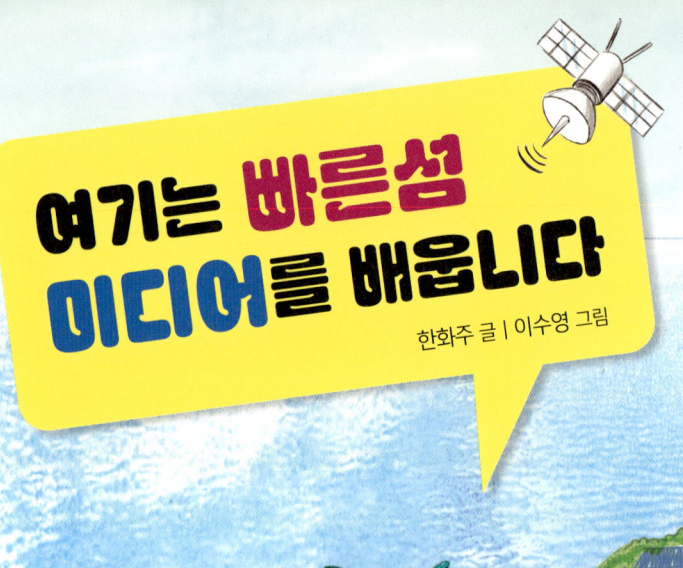

# 여기는 빠른섬 미디어를 배웁니다

한화주 글 | 이수영 그림

## 차례

**1장 소식을 빨리 전해야 해!**    008
    쏙쏙쏙 미디어   미디어란 무엇일까요?    018

**2장 다양한 미디어가 생겨났어요**    020
    쏙쏙쏙 미디어   미디어는 어떻게 발달했을까요?    032

**3장 신통방통 뉴 미디어**    034
    쏙쏙쏙 미디어   뉴 미디어란 무엇일까요?    044

**4장 크리에이터가 된 어영차 씨**    046
    쏙쏙쏙 미디어   1인 미디어 시대가 열렸어요    056

**5장 또 다른 세상, 소셜 미디어**    058
    쏙쏙쏙 미디어   소셜 미디어란 무엇일까요?    066

## 6장 '좋아요'가 좋아! — 068
**똑똑똑 미디어** 미디어가 드리운 그림자 — 076

## 7장 보이는 게 다일까? — 078
**똑똑똑 미디어** 필터 버블과 확증 편향 — 088

## 8장 물고기 가면이 올린 동영상 — 090
**똑똑똑 미디어** 가짜 뉴스가 무엇일까요? — 098

## 9장 소문의 진실 — 100
**똑똑똑 미디어** 미디어 리터러시 능력을 키워요 — 109

## 10장 우리가 만들어 갈 미디어 세상 — 112
**똑똑똑 미디어** 올바른 미디어 사용법 — 122

한눈에 보는 정보 통신 기술의 발달과 미디어 — 124

안녕하세요? 여기는 빠른섬입니다.
빠른섬은 육지에서 멀리 떨어진 푸른 바다에 자리 잡고 있어요. 빠른섬 사람들은 저마다 부지런히 일하며 행복하게 지냈어요. 서로 만나면 안부를 전하고 정보도 주고받았지요.

그러던 빠른섬 사람들의 생활에 놀라운 변화가 생겼어요. 그 변화는 편리함과 즐거움을 주기도 했지만 예상치 못한 문제를 불러오기도 했어요. 대체 무슨 일이 일어났는지 지금부터 빠른섬 사람들을 함께 만나 볼까요?

## 1장
# 소식을 빨리 전해야 해!

사람들은 함께 소통하며 살아가요.
생각과 감정을 나누고 필요한 정보도 주고받지요. 사람들이 소통할 때
이용하는 수단과 물건을 통틀어 '미디어'라고 해요.

빠른섬에는 신문도, 전화도, 라디오와 텔레비전도 없었어요. 사람들은 서로 만나서 소식을 주고받았어요. 직접 만나기 어려울 때는 다른 사람을 통해 말이나 편지를 전했지요.

특히 여러 사람에게 알리고 싶은 일이 생기면 으레 널리를 찾았어요. 널리가 새로운 소식을 듣는 걸 좋아하고 다른 사람에게 소식을 알리는 건 더 좋아했거든요.

"마침 잘 만났네. 올해 우리 집 딸기 농사가 아주 잘됐어. 내일부터 사흘 동안 특별히 딸기를 싸게 판다고 사람들에게 전해 주게."

달콤 씨의 말에 널리는 고개를 끄덕였어요.

"그거 반가운 소식이네요. 제가 사람들에게 꼭 전할게요. 달콤 아주머니네 딸기는 최고로 맛있으니까요. 근데 어영차 아저씨 소식은 들으셨어요?"

"못 들었는데, 어영차 씨에게 무슨 일이 있었나?"

"어제 어영차 아저씨가 그물을 끌어 올리다가 바다에 빠졌대요. 근데 글쎄, 돌고래가 나타나서 어영차 아저씨를 물 위로 밀어 올려 주었다지 뭐예요."

"어머머, 신기해라!"

이렇게 빠른섬의 갖가지 소식은 널리를 통해 더욱 널리 알려

졌답니다.

 그러던 어느 날이었어요. 널리는 편의점 주인 판다 씨와 부두에서 통통 씨를 기다리고 있었어요. 통통 씨가 일주일에 한 번씩 빠른섬을 찾아와 판다 씨에게 물건을 전했는데, 이때 섬 밖의 크고 작은 소식도 함께 전해 주었거든요.

통, 통, 통.

작은 통통배가 푸른 물살을 가르며 빠른섬의 서쪽 항구로 들어왔어요. 이윽고 기다리던 통통 씨가 배에서 내렸지요.

"어서 오게."

판다 씨가 반갑게 인사를 건넸어요.

"아저씨, 오늘은 어떤 소식을 들려줄 거예요? 웃기고 재미난 소식도 좋고, 놀랍고 신기한 소식도 좋아요."

널리는 기대에 차서 물었어요. 그런데 통통 씨가 다급한 목소리로 말했어요.

"오늘은 느긋하게 이야기를 들려줄 시간이 없어. 태풍이 오기 전에 서둘러 물건을 전하고 돌아가야 하니까."

"태풍이 온다고요?"

널리는 어리둥절했어요. 하늘이 바다만큼 파랗고 바람은 아기 숨결처럼 잔잔해서 전혀 태풍이 올 것 같지 않았으니까요.

"날씨라면 섬에 사는 우리가 누구보다 잘 아는데, 이맘때는 태풍이 오지 않아. 자네가 잘못 짐작한 걸세."

판다 씨의 말에 통통 씨가 고개를 가로저으며 말했지요.

"어허! 내가 짐작한 게 아니야. 갑자기 태풍이 몰려온다는 소식으로 신문과 라디오, 텔레비전이 떠들썩하다고!"

널리와 판다 씨는 깜짝 놀라며 서로를 바라보았어요. 두 사람은 텔레비전과 라디오는 본 적이 없지만, 신문에 대해서는 알고 있었어요. 통통 씨가 종종 신문을 가져다주었거든요.

"앗! 그럼 큰일이잖아요?"

"그렇지. 느닷없이 태풍이 몰아치면 사람들이 미처 대비하지 못해서 큰 피해를 입을 거야."

"어떡해요?"

"빨리 섬사람들에게 알려야지."

"판다 아저씨는 얼른 통통 아저씨의 배에서 물건을 내리세요. 제가 이 소식을 사람들에게 알릴게요."

"그래, 그게 좋겠군. 소식을 알리는 일이라면 빠른섬에서 널리를 따라갈 사람은 없으니까."

널리는 싱긋 웃으며 고개를 끄덕였어요. 쏜살같이 달려가 사람들에게 소식을 전하기 시작했지요.

"태풍이 오고 있어요! 곧 거센 비바람이 몰아친다고요!"

그런데 사람들은 이상하다는 듯 되묻기 일쑤였어요.

"뜬금없이 무슨 소린가?"

"어디에 태풍이 온다는 거죠?"

"그걸 어떻게 알았어요?"

그러니 널리는 어떻게 된 일인지 설명을 길게 덧붙여야 했어요. 같은 말을 되풀이하느라 목이 점점 아파왔지요. 게다가 소식을 빨리 전하려고 계속 달렸기 때문에 다리도 몹시 아팠어요.

산꼭대기에 사는 슬기 할아버지의 집에 다다랐을 때, 널리는 지쳐서 말도 제대로 할 수 없었어요.

"헉헉, 할아버지, 곧 태, 태풍이 후우, 후우……."

"무슨 말을 하는지 알아들을 수가 없군. 땀을 비 오듯 흘리고 숨도 제대로 쉬지 못하다니, 어디가 아픈가?"

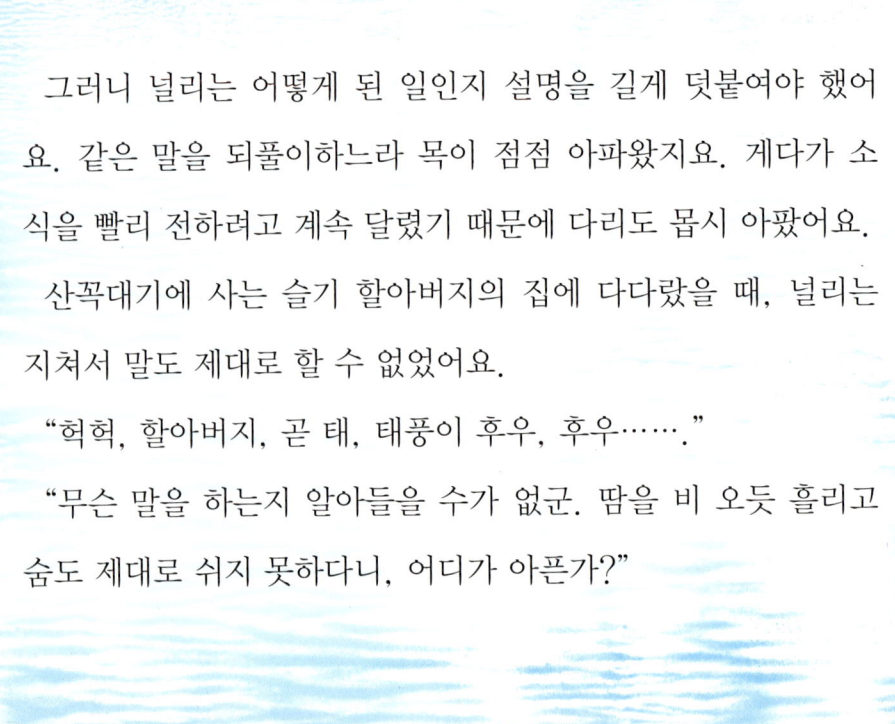

　슬기 할아버지는 걱정스러운 얼굴로 물었어요.
　널리는 숨을 힘껏 들이마신 뒤, 쏟아내듯 소식을 전했어요. 그러고는 자리에 털썩 주저앉고 말았지요.
　"음, 알겠네. 자네는 여기서 잠시 쉬었다가 집으로 돌아가게. 저기 동쪽 마을에는 내가 소식을 전하겠네."
　슬기 할아버지는 널리를 뒤로하고, 특이하게 생긴 굴뚝으로 향했어요. 굴뚝 아래에 난 구멍에 불을 지피기 시작했지요. 굴

둑 꼭대기에서 금세 연기가 뭉게뭉게 피어올랐어요.

"할아버지, 굴뚝에 불을 피운 거예요?"

"허허, 이건 굴뚝이 아니라 봉수대라네. 옛사람들은 산꼭대기에 봉수대를 만들어 두고, 외적이 침입하거나 나라에 급한 일이 생기면 봉화를 올려서 알렸어. 낮에는 연기, 밤에는 불을 피워서 멀리 떨어진 곳에 소식을 빠르게 전했지."

"하지만 우리는 외적이 쳐들어왔다는 소식이 아니라, 태풍이 온다는 소식을 전해야 하는데요."

"빠른섬은 육지에서 뚝 떨어진 작은 섬이라 외적의 침입을 받지 않았지. 그래서 빠른섬에서는 갑작스러운 태풍 소식을 알리는 데 이 봉수대와 봉화를 이용하기로 약속해 두었다네."

"오, 그랬군요! 저는 전혀 모르고 있었어요."

"꽤 오랫동안 사용할 일이 없었으니, 자네처럼 젊은 사람은 모를 만도 하지."

"근데 동쪽 마을에 소식이 전해졌는지 어떻게 알 수 있어요?"

"저기 동쪽 산에 사는 나무꾼이 이 연기를 보면, 나처럼 봉수대에 봉화를 올릴 걸세. 그러고는 그 마을 사람들에게 태풍이 온다는 소식을 알릴 거야."

과연 동쪽 산의 꼭대기에서 하얀 연기가 구름처럼 피어올랐어요.

"할아버지, 저길 보세요! 연기예요. 소식이 전해졌어요!"

널리는 기뻐서 환호성을 질렀어요.

그로부터 얼마 뒤, 파랗던 하늘이 시커먼 구름으로 뒤덮였어요. 후드득후드득 굵은 빗방울이 떨어지더니, 이내 퍼붓듯 비가 쏟아졌지요. 거센 바람에 파도가 산처럼 높아지고 항구에 묶어 놓은 배들이 가랑잎처럼 흔들렸어요.

## 미디어란 무엇일까요?

사람은 혼자 살지 않아요. 가정과 사회, 나라를 이루고 함께 모여 살지요. 그러면서 서로서로 소통해요. 생각과 감정을 나누고, 살아가는 데 필요한 정보도 주고받는 거예요.

이렇게 사람들이 소통할 때 이용하는 수단이나 물건을 통틀어 '미디어(media)' 또는 '매체'라고 불러요. 미디어와 매체가 '전달하는 역할을 하는 것'이라는 뜻이거든요. 이 책도 미디어에 관한 정보를 전하는 미디어의 하나랍니다. 이외에도 신문, 전화, 라디오, 스마트폰 등 다양한 미디어가 있어요.

## 최초의 미디어, 말

까마득히 먼 옛날에는 몸짓이나 표정, 소리나 그림 등으로 생각을 전하다 보니, 사람들은 제대로 소통할 수 없었어요. 그래서 사람들은 오랜 시간에 걸쳐 '이건 이런 소리로 표현하자'며 약속을 해 나갔어요. 바로 '말'이라는 미디어를 만들어 낸 거예요.

## 정보를 정확하게 오래도록 전할 수 있는 미디어, 글

말은 유용한 미디어지만 멀리 있는 사람은 들을 수 없다는 단점이 있었어요. 그래서 사람들은 또 다른 미디어인 '글'을 만들었어요. 글로 멀리 떨어진 사람에게 소식을 전하고, 중요한 정보를 오래오래 남겼어요.

### 봉수제

옛날에는 나라에서 높은 산의 꼭대기에 봉수대를 만들어 두고, 봉화를 올려서 급한 소식을 빠르게 전했어요. 낮에는 연기, 밤에는 불을 피웠지요. 평소에는 봉수대 하나에 연기를 올리고, 적이 국경에 나타나면 둘, 다가오면 셋, 침략하면 넷, 전투가 벌어지면 다섯 개의 봉화를 올리는 식으로 이용했어요.

# 2장
# 다양한 미디어가 생겨났어요

사람들은 좀 더 편리하게 소통할 방법, 빠르고 정확하게 정보를 전할 방법을 고민했어요. 발전하는 과학 기술을 이용해 새로운 미디어를 만들어 냈지요. 신문, 전화, 라디오와 텔레비전 등 다양한 미디어가 생겨났답니다.

'사람들을 직접 만나서 이야기하지 않고도 빠른섬의 이런저런 소식을 전할 방법이 없을까?'

널리는 편의점 앞에 놓인 평상에 걸터앉아 생각에 잠겨 있었어요.

"무슨 생각을 그리 골똘히 하고 있나?"

판다 씨가 옆에 앉으며 물었어요.

"빠른섬 사람들이 볼 신문을 만들고 싶은데, 제가 신문 만드는 방법을 몰라서요."

"그렇다면 슬기 할아버지에게 도움을 청해 봐. 슬기 할아버지는 젊었을 때 빠른섬을 떠나서 다양한 일을 경험하고 돌아오셨어. 한동안 신문 만드는 일도 하셨다고 들었네."

"오, 정말요?"

널리는 자리에서 벌떡 일어났어요. 한달음에 슬기 할아버지를 찾아가서 신문을 만들고 싶다며 도와 달라고 부탁했어요.

"그러지."

슬기 할아버지는 흔쾌히 승낙했어요.

"야호! 잘됐다. 근데 신문을 만들려면 뭐가 필요하죠?"

"우선 신문에 실을 기사가 필요하지."

"그거라면 문제없어요. 제가 기사를 써 올게요."

널리는 신이 나서 집으로 돌아갔어요. 밤을 꼬박 새워 기사를 써서 이튿날 슬기 할아버지에게 보여 줬어요. 그런데 슬기 할아버지는 기사를 조금 읽다가 탁자에 내려놓았어요.

"왜 읽다가 마세요? 기사가 재미없나요?"

"아닐세. 몇몇 사건은 무척 흥미롭군."

"그렇죠? 제가 재미난 사건만 쏙쏙 뽑았거든요. 또, 실제보다 훨씬 흥미진진하게 꾸며 썼고요."

"그런 것 같더군."

슬기 할아버지는 빙그레 웃으며 말했어요. 그러고는 다정한 목소리로 말을 이었어요.

"사람들이 흥미를 느낄 만한 일도 기사가 될 수는 있네. 그러나 신문에는 사람들이 꼭 알아야 할 일, 사람들에게 도움을 줄 수 있는 정보를 실어야 하지."

"아…… 그렇군요."

"또한 기사는 육하원칙에 맞추어 정확한 사실만 써야 해."

"육하원칙이 뭐예요?"

"기사에 담아야 할 여섯 가지 기본 요소일세. '누가, 언제, 어디에서, 무엇을, 어떻게, 왜'를 육하원칙이라고 부르지."

그날부터 널리는 슬기 할아버지에게 신문 기사 쓰는 법을 자세히 배웠어요. 슬기 할아버지의 가르침대로 기사를 추리고 다시 쓰기를 거듭했지요.

"이만하면 됐네."

이윽고 슬기 할아버지가 고개를 끄덕였어요. 하지만 그걸로 신문 만들기가 끝난 건 아니었어요.

"우리에게는 신문을 아주 많이 빠르게 찍어 낼 수 있는 인쇄기가 필요해."

널리는 판다 씨한테 인쇄기를 부탁했어요. 판다 씨는 통통 씨에게 인쇄기를 실어다 달라고 부탁했지요. 마침내 '빠른섬 신문'이 만들어졌어요. 빠른섬의 소식을 일주일에 한 번씩 사람들에게 전할 수 있게 되었지요.

"어머! 어떻게 이런 걸 만들 생각을 했어요?"

"아주 유익한 정보가 많군."

"말로 들려주는 소식도 재미있었지만, 신문이 백배 더 재미있네."

섬사람들은 신문의 등장을 반겼어요. 널리는 기뻐하며 열심히 신문을 만들었어요. 신문을 사 보는 사람은 점점 늘어났지요. 이제 빠른섬의 크고 작은 소식은 빠른섬 신문을 통해 널리 알려졌어요.

그러던 때에 빠른섬 신문에 슬기 할아버지가 쓴 특집 기사가 실렸어요. 전화와 라디오, 텔레비전 같은 다양한 미디어에 관한 기사였지요. 신문을 본 빠른섬 사람들은 또 다른 미디어에 큰 관심을 보였어요.

"우리도 이런 걸 이용하면 좋겠군요."

얼마 지나지 않아 빠른섬에는 전화선이 연결되고 방송 수신탑도 세워졌어요. 통통 씨는 편의점에 라디오를 들여놓았지요. 물건을 사러 온 사람들은 라디오를 보고 무척 신기해했어요.

"이게 라디오로군요."

"그렇습니다. 여기에서 노래도 나오고, 드라마도 나오고, 뉴스도 나오지요. 아주 재미있으니, 잠시 듣고 가세요."

"그럴까요?"

사람들은 편의점 앞 평상에 앉아 라디오 방송에 귀를 기울이곤 했어요.

어느 날 저녁, 빠른섬 사람들이 편의점 평상에 옹기종기 모여 앉아 라디오를 듣는데, 아나운서의 다급한 목소리가 흘러나왔어요.

"시민 여러분께 알립니다! 외계인이 지구를 침략했습니다. 속보입니다! 지금 외계인이 지구로 쳐들어와 도시를 공격하고 있습니다! 지지직……."

라디오를 듣던 사람들은 소스라치게 놀랐어요.

"외, 외계인? 내가 잘못 들었나요?"

뚝딱 씨의 말에 어영차 씨가 단호하게 대답했어요.

"아니에요. 저도 분명히 들었어요. 아나운서가 외계인이 지구를 침략했다고 말했어요."

"어머머! 이게 무슨 일이람. 판다 씨, 라디오 소리를 좀 키워 봐요."

달콤 씨는 판다 씨를 향해 외쳤어요. 판다 씨가 놀란 얼굴로 다이얼을 이리저리 돌렸어요. 하지만 방송이 또렷하게 잡히지 않고 지지직 지지직 소리만 들렸어요.

"서, 설마, 방송국이 외계인의 공격을 받아서 방송이 중단된 것은 아니겠지요?"

달콤 씨가 떨리는 손을 꽉 모아 쥐었어요.

자리에서 일어나 까만 밤하늘을 살피던 어영차 씨가 서쪽 하늘을 가리키며 소리쳤어요.

"앗! 저기를 봐요. 외계인이 지구를 공격하고 있어요!"

사람들은 휘둥그레진 눈으로 어영차 씨가 가리키는 곳을 바라보았어요. 정말 까만 밤하늘에 레이저 광선 같은 빛줄기가 휙휙

스치는 모습이 보였어요.

"세상에! 이런 일이……."

사람들은 겁에 질려 어쩔 줄 몰라 했지요. 그때였어요.

"어! 어허허허! 으하하하하!"

라디오에 귀를 대고 듣고 있던 판다 씨가 큰 소리로 웃으며 말했어요.

"외계인이 쳐들어왔다는 건 진짜 뉴스가 아니었어요. 라디오 드라마 속에 나오는 뉴스였다고요. 이제 방송이 또렷하게 나오니 들어 보세요."

들어 보니 외계인이 침략했다는 뉴스는 라디오 드라마의 일부였어요. 사람들은 놀란 가슴을 쓸어내렸지요. 조금 뒤에는 밤하늘을 가로지른 가는 빛줄기의 정체에 대해서도 알게 되었어요. 라디오 드라마가 끝난 뒤, 일기 예보가 나왔거든요.

"오늘 밤은 포근하고 맑겠습니다. 빠른섬 일대에서는 별똥별이 비처럼 쏟아지는 유성우를 볼 수 있겠습니다."

며칠 뒤에 나온 빠른섬 신문에는 '외계인이 지구를 침략했다고?'라는 제목의 기사가 실렸어요. 그 기사는 많은 사람이 배꼽을 잡게 했지요.

시간이 흐를수록 전화와 라디오, 텔레비전을 들여놓는 집이 빠르게 늘어났어요. 다양한 미디어를 이용하게 되면서 빠른섬 사람들의 생활에도 변화가 생겼어요.

"도끼 씨에게 의자를 만들기에 적당한 나무가 있는지 물어봐야겠어."

가구 만드는 일을 하는 뚝딱 씨는 이웃 마을에 사는 도끼 씨에게 전화를 걸었어요. 안부 인사를 나누고, 마침 의자를 만들기에 딱 맞는 나무가 있다는 이야기를 들었지요.

"국회 의원이 뇌물을 받았다고? 쯧쯧, 나랏일을 열심히 하겠다기에 뽑았더니, 제 이익 챙기는 일만 열심히 했군."

깔끔 씨는 텔레비전 뉴스를 보며 혀를 끌끌 찼어요. 이어지는 나라 안팎의 다양한 소식을 관심 있게 지켜보았지요.

"주인공 청년이 참 씩씩하고 멋지구먼. 빨리 출생의 비밀도 밝혀져야 할 텐데."

곰곰 할머니는 드라마를 보는 재미에 푹 빠져들었답니다.

# 미디어는 어떻게 발달했을까요?

사람들은 말과 글을 만든 뒤로도 더욱 편리하게 소통할 방법, 빠르고 생생하게 정보를 전할 방법을 고민했어요. 과학 기술이 발전하자, 이를 이용해 새로운 미디어를 만들어 냈지요.

### 인쇄술의 발달로 등장한 미디어, 신문

1500년대부터 인쇄술이 크게 발달했어요. 1600년대 초에 유럽의 여러 나라가 인쇄술을 이용해 대량으로 신문을 펴내면서 사람들은 정치와 경제, 사회, 문화 등 다양한 분야의 정보를 얻게 되었지요.

### 멀리 있는 사람과 대화할 수 있게 해 준 미디어, 전화

전화는 소리를 전기 신호로 바꾸어 보낸 뒤, 그 전기 신호를 다시 소리로 바꾸어 들려주는 장치예요. 전화가 등장하면서 멀리 떨어져 있는 사람과도 자유롭게 이야기를 주고받을 수 있게 되었지요.

## 소리로 정보를 전하는 미디어, 라디오

라디오는 방송국에서 보내는 전파를 잡아서 소리로 바꾸어 들려주는 장치예요. 1900년대 초에 처음 등장했어요. 라디오를 통해 사람들은 뉴스나 음악, 라디오 드라마를 즐길 수 있게 되었지요.

## 소리와 영상으로 정보를 전하는 미디어, 텔레비전

텔레비전은 전파를 통해 소리뿐 아니라 영상도 받을 수 있는 기계예요. 라디오가 등장하고 얼마 지나지 않아 나왔어요. 1940년대부터 빠르게 퍼져서 사람들에게 가장 인기 있는 미디어로 자리 잡았어요.

### 매스 미디어

신문과 라디오, 텔레비전처럼 많은 사람에게 동시에 같은 정보를 전하는 미디어를 일컬어 '매스 미디어(mass media)'라고 해요. 또, '대중 매체'라고도 부르지요. 매스 미디어는 사람들에게 큰 영향을 미치기 때문에 사실만을 공정하게 보도해야 해요. 그렇지 않으면 사람들에게 피해를 주거나 사회에 혼란을 일으킬 수 있어요.

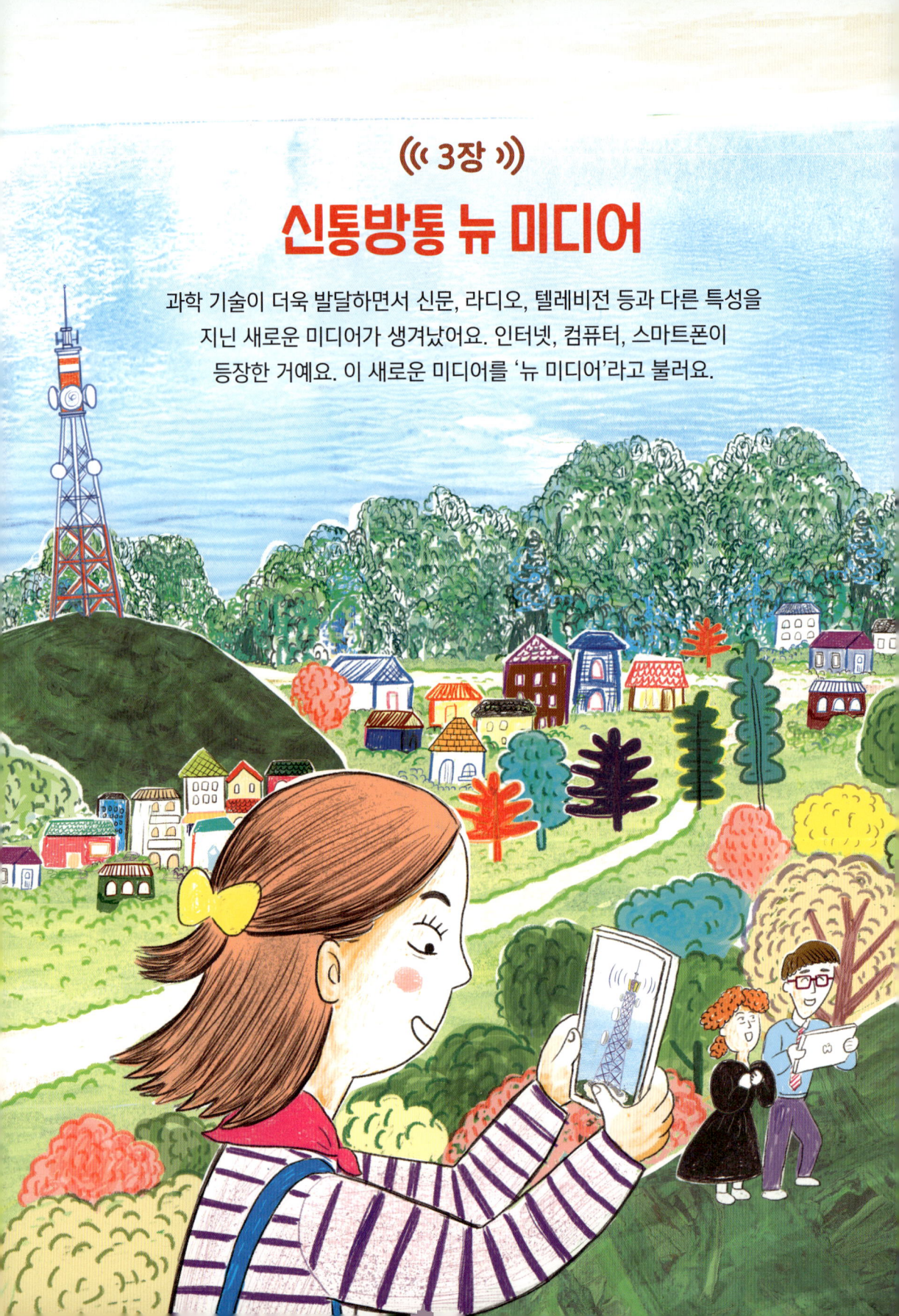

## (((  3장  )))
# 신통방통 뉴 미디어

과학 기술이 더욱 발달하면서 신문, 라디오, 텔레비전 등과 다른 특성을 지닌 새로운 미디어가 생겨났어요. 인터넷, 컴퓨터, 스마트폰이 등장한 거예요. 이 새로운 미디어를 '뉴 미디어'라고 불러요.

빠른섬 사람들은 미디어가 일으킨 변화를 한껏 즐겼어요. 하지만 널리는 즐겁지만은 않았어요. 신문을 사 보는 사람이 자꾸만 줄어들었기 때문이에요.

일주일에 한 번씩 빠른섬 신문이 나올 즈음이면, 급한 소식은 이미 전화를 통해 섬사람들 사이에 알려진 상태였어요. 방송국에서 전하는 다양한 분야의 생생한 뉴스에 비하면, 빠른섬 신문은 시시하게 느껴질 정도였지요.

"후유, 어떻게 하면 좋지?"

널리가 한숨을 푹푹 쉬고 있을 때, 깔끔 씨가 찾아왔어요.

"신문이 필요해서 왔어요. 한참 지난 거라도 상관없으니 넉넉히 줘요."

널리는 크게 감격했어요.

'아……, 아직 빠른섬 신문을 좋아하는 독자가 있었구나.'

기쁜 마음으로 신문을 챙기기 시작했지요. 그런데 깔끔 씨가 이렇게 말했어요.

"묵은 먼지를 닦고 개똥을 치우는 데는 신문지가 최고거든요. 지난 신문은 볼 사람도 없으니, 공짜로 줄 거죠?"

널리는 들고 있던 신문을 바닥에 툭 떨어뜨리더니 화가 나서 소리쳤어요.

"아니, 안 줄 거예요!"

"그…… 그럼 돈을 조금 낼게요."

"아니, 돈을 많이 내셔도 안 팔아요!"

"대체 왜요?"

"제 신문을 그렇게……."

널리는 말을 잇지 못했어요. 지난 신문은 이미 정보를 전하는 목적을 다했으니, 신문지로 먼지를 닦거나 개똥을 치우는 게 잘못된 일은 아니었으니까요. 하지만 널리는 왠지 속이 상해서 신문을 주고 싶지 않았어요.

"아무튼 그냥 돌아가세요."

"왜 안 파는지 도통 모르겠군요."

깔끔 씨는 이해할 수 없다는 표정으로 돌아갔어요. 널리는 울적한 마음을 달래기 위해 밖으로 나왔어요. 발길 닿는 대로 걷다 보니 부두에 이르렀지요. 저만치 통통 씨와 판다 씨가 보였어요. 널리가 다가가자 통통 씨가 반갑게 인사를 건넸어요.

"오랜만이군. 신문을 만드느라 바쁘게 지낸다는 이야기는 들었네. 근데 왜 그리 기운이 없나?"

"신문을 사 보는 사람이 자꾸만 줄어서요."

"하긴 요즘 누가 종이 신문을 보나, 다 인터넷 신문을 보지."

"인터넷 신문이요?"

널리가 어리둥절해하자, 통통 씨는 답답한 듯 말했어요.

"이렇게 새로운 기술과 물건에 대한 정보가 늦어서야, 원. 이곳 이름은 빠른섬이 아니라 느린섬이 어울려!"

그러자 판다 씨가 고개를 가로저었어요.

"그건 하나만 알고 둘은 모르는 소릴세. 빠른섬은 육지에서 멀리 떨어져 있어서 섬사람들이 새로운 기술이나 물건을 알게 되기까지 시간이 걸리지. 하지만 일단 알게 되면 누구보다 빨리 받아들이고 잘 이용한다네."

"판다 아저씨 말씀이 맞아요. 얼마 전까지 빠른섬 사람들은 전화와 라디오, 텔레비전 같은 미디어를 알지도 못했어요. 근데 지금은 너나없이 이용하고 있다고요."

"듣고 보니, 그도 그렇구먼."

판다 씨는 고개를 끄덕이며, 인터넷 신문에 대해 알려 주기 시작했어요.

"인터넷이란 전 세계의 컴퓨터를 연결해 주는 거대한 통신망이라네. 그 인터넷을 이용해서 소식을 전하는 게 인터넷 신문이지."

통통 씨는 주머니에서 스마트폰을 꺼냈어요. 아주 조그마해서 한 손에 잡히는 물건이었지요.

"이건 컴퓨터의 여러 기능을 추가한 스마트폰이라네. 전화와 문자는 기본이고, 사진도 찍을 수 있고, 갖가지 영상을 보거나 인터넷을 쓸 수도 있지."

통통 씨의 말에 판다 씨는 미심쩍은 얼굴로 말했어요.

"고작 손바닥만 한 걸로, 그 많은 일을 할 수 있다는 게 도무지 믿기지 않는군."

널리도 알 수 없다는 표정을 지으며 말했지요.

"근데 컴퓨터는 또 뭐예요?"

통통 씨는 판다 씨의 의심과 널리의 궁금증을 풀어 주기 위해 열심히 설명했어요. 판다 씨와 널리는 컴퓨터와 스마트폰에 대해서 자세히 알게 되었지요.

"정말 신통방통하군. 컴퓨터와 스마트폰을 빠른섬에서도 사용할 수 있으면 좋겠어."

판다 씨가 감탄하며 말했어요.

널리도 환하게 밝아진 얼굴로 외쳤지요.

"그래, 인터넷 신문을 만들어 보는 거야!"

그로부터 얼마 뒤, 새로운 기술을 빠르게 받아들이는 빠른섬답게 빠른섬에도 컴퓨터 통신망이 연결되었어요. 판다 씨는 스마트폰을 손에 쥐었고, 그 누구보다 빠르게 스마트폰을 익숙하게 사용했지요. 스마트폰의 매력에 푹 빠진 빠른섬 사람들이 순식간에 늘어났답니다.

그러던 어느 날, 빠른섬 사람들의 스마트폰에 다음과 같은 문자가 전송되었어요.

> 빠른섬 주민 여러분! 그동안 빠른섬 신문을 사랑해 주셔서 고맙습니다. 이제 빠른섬 신문은 종이 신문이 아닌, 인터넷 신문으로 새롭게 태어났음을 알립니다.
> ▶빠른섬 인터넷 신문

문자 아래에는 인터넷으로 빠른섬 신문을 볼 수 있는 홈페이지 주소도 링크되어 있었어요.

섬사람들은 빠른섬 신문의 변화를 반겼어요.

"종이 신문을 보기가 번거로웠는데, 간편하게 인터넷으로 신문을 볼 수 있겠군."

"이제는 일주일이나 기다릴 필요 없이 우리 고장 소식을 빠르게 알 수 있겠구나."

섬사람들은 인터넷으로 빠른섬 신문의 기사를 보고, 그 아래에 자기의 의견이나 감상을 댓글로 달았어요. 기사에 잘못된 내용이 있으면 댓글로 지적하기도 했지요. 그러면 널리는 얼른 잘못을 바로잡았어요. 때때로 사람들은 기사를 읽고 댓글로 한바

탕 토론을 벌이기도 했어요. 빠른섬 신문의 인터넷 홈페이지는 단순히 빠른섬의 소식을 알 수 있는 곳으로 그치지 않았어요. 주민들이 자유롭게 의견을 나누고 문제를 함께 해결하는 공간이 되어 갔지요.

## 뉴 미디어란 무엇일까요?

과학 기술이 더욱 발달하면서 인터넷, 컴퓨터, 스마트폰 등의 미디어가 새로 생겨났어요. 그런데 새로 등장한 미디어는 신문, 라디오, 텔레비전 등과 사뭇 다른 특성을 지니고 있었어요. 그래서 사람들은 신문, 라디오, 텔레비전을 오래된 미디어라는 뜻의 '올드 미디어(old media)'로 부르고, 인터넷, 컴퓨터, 스마트폰 등을 새로운 미디어라는 뜻의 '뉴 미디어(new media)'로 구분해 부르게 되었지요. 그렇다면 올드 미디어와 다른 뉴 미디어의 특징은 무엇일까요?

### 정보를 빠르게 전달해요

인터넷 신문은 인쇄할 필요가 없어서 빠르게 기사를 올리고, 그 즉시 많은 사람이 볼 수 있어요. 또, 인터넷 TV를 이용하면 지난 방송을 언제든 다시 볼 수 있지요.

### 정보를 전하는 방식이 복합적이에요

다양한 수단을 결합해서 정보를 전할 수 있어요. 예를 들어 인터넷 신문에는 글과 사진뿐만 아니라 움직이는 그림이나 동영상도 함께 올릴 수 있어요.

### 대중이 정보의 새로운 생산자가 되었어요

예전에는 신문사와 방송사가 정보를 만들고, 대중은 만들어진 신문이나 방송을 보기만 했어요. 그러나 뉴 미디어가 등장하면서 달라졌어요. 사람들은 기사나 방송을 보고 사실과 다른 점이 있으면 댓글로 수정을 요청하거나, 자신의 의견을 자유롭게 표현해요.
또한 뉴 미디어를 이용해서 누구든 자신이 알고 있는 것을 많은 사람에게 전할 수 있어요. 어떤 사건을 목격했다면 그에 관한 글을 써서 인터넷에 올리거나, 동영상을 촬영해 올릴 수도 있어요. 대중이 정보의 새로운 생산자가 되었답니다.

(( 4장 ))
# 크리에이터가 된 어영차 씨

뉴 미디어가 등장하면서 누구든 직접 글과 그림, 사진, 영상을 많은 사람에게 보이는 일이 가능해졌어요. 혼자서 콘텐츠를 기획하고, 제작해서 전달할 수 있는 1인 미디어 시대가 열린 거예요.

뉴 미디어를 이용하면서 섬사람들의 생활에 또다시 변화가 생겼어요.

"도끼 씨, 안녕하세요? 탁자를 하나 만들려고 하는데 적당한 나무가 있을까요?"

"나무가 여러 개 있는데 마음에 드는 걸로 골라 보세요. 제가 지금 스마트폰으로 사진을 찍어서 보낼게요."

"오, 좋아요! 사진을 보고 문자 보내겠습니다."

도끼 씨와 뚝딱 씨는 스마트폰으로 통화하고, 사진과 문자도 주고받았어요. 전보다 훨씬 정확하고 편리하게 일을 처리할 수 있었지요.

곰곰 할머니는 달콤 씨를 찾아가 딸기 한 바구니를 사며 물었어요.

"혹시 어제저녁 드라마 봤나?"

"못 봤는데요. 어머! 드디어 출생의 비밀이 밝혀졌나요?"

"나도 몰라. 초저녁에 잠드는 바람에 못 봤거든. 달콤네도 못 봤다니, 재방송을 보려면 주말까지 기다려야겠구먼."

"기다리실 필요 없어요. 인터넷에 다시보기가 올라와 있을 테니, 스마트폰으로 당장 보실 수 있어요."

곰곰 할머니는 지난 드라마를 스마트폰으로 다시 볼 수 있었어요. 예상과 달리 출생의 비밀은 밝혀지지 않았지만 말이지요.

그리고 예상치 못한 변화를 맞게 된 사람도 있었어요. 어부 어영차 씨예요.

"자, 고단한 하루 일을 마쳤으니, 재미있는 동영상이나 좀 볼까?"

어영차 씨는 동영상 공유 사이트인 유튜브로 들어갔어요. 유튜브에는 별의별 동영상이 다 있었어요. 영화를 짧게 편집해서 보여 주는 동영상, 요리 방법을 알려 주는 동영상, 음식을 맛있게 먹는 모습을 보여 주는 동영상, 사랑스러운 반려동물을 보여 주는 동영상, 사람들이 궁금해하는 정보를 알려 주는 동영상 등 주제도 형식도 가지가지였어요.

어영차 씨는 고기를 잡기 위해 바다를 누비듯, 재미있고 유익한 동영상을 보기 위해 유튜브를 이리저리 누비고 다녔어요. 저녁에 유튜브를 보는 게 일과가 되었지요.

그런데 언제부턴가 불쑥불쑥 이런 생각이 들었어요.

'나도 유튜버가 되어서 내가 아는 것을 많은 사람과 나누면 어떨까.'

하지만 어영차 씨는 이내 고개를 절레절레 저었어요.

'허허, 말도 안 되는 생각이지. 내가 어떻게 유튜버가 될 수 있겠어.'

그러던 어느 날, 어영차 씨가 즐겨 보는 유튜브 채널이 구독자가 10만 명을 돌파한 기념으로 특별 방송을 했어요. 유튜버는 자기의 동영상을 자주 봐 주는 사람들에게 감사 인사를 전하며 고백하듯 말했어요.

"사실 저도 얼마 전까지는 그냥 유튜브를 즐겨 보는 사람이었어요. 그러다 부족하지만 제가 아는 정보를 다른 사람과 나누고 싶다는 생각을 하게 된 거예요."

유튜버가 마치 어영차 씨 마음을 대신 이야기하고 있는 것만 같았지요. 어영차 씨는 더욱 귀를 기울였어요.

"물론 처음에는 의심이 들었어요. 내가 할 수 있을까? 그러다 용기를 내어 결심했지요. 한번 해 보자!"

그 말을 듣는 순간, 어영차 씨는 자기도 모르게 주먹을 불끈 쥐며 생각했어요.

'그래, 나도 한번 해 보는 거야!'

그날부터 어영차 씨는 '유튜버가 되는 방법', '동영상을 찍어서 유튜브에 올리는 방법' 등을 알아보기 시작했어요. 이 방법들 역시 유튜브를 통해 알 수 있었지요.

얼마 지나지 않아 유튜브에 '영치기영차'라는 채널이 새로 생겼어요. 바로 어영차 씨가 만든 채널이었지요. 처음으로 올라온 동영상의 제목은 '어부가 알려 주는 광어와 도다리 구별법'이었어요.

영상은 어영차 씨가 수줍게 인사하는 모습으로 시작되었어요.

"안녕하세요? 저는 빠른섬에 사는 어부 어영차입니다. 만나게 되어 반갑습니다. 많은 사람이 생선 중에 '광어'와 '도다리'를 헷갈려 하기에 두 생선이 어떻게 다른지 알려 드리려고 합니다. 일단 직접 보시죠."

화면이 거칠게 휙 돌아가더니, 정말 비슷하게 생긴 넓적한 물고기 두 마리가 보였어요. 이어서 어영차 씨의 목소리가 흘러나왔어요.

"우선 이렇게 생선을 정면에서 바라보세요. 똑같이 생긴 것 같지만, 자세히 보면 눈의 위치가 다른 것을 알 수 있어요. 눈이 왼쪽으로 몰려 있는 게 '광어', 눈이 오른쪽으로 몰려 있는 게 '도다리'입니다. 아주 간단히 구별할 수 있지요? 그런데 시간이 흐르면 또 헷갈릴 수 있어요. 눈이 왼쪽으로 몰려 있는 게 광어였나? 도다리였나? 알쏭달쏭해지죠."

화면에 다시 어영차 씨가 나왔어요. 어영차 씨는 한 손으로 손가락 두 개, 다른 손으로 손가락 세 개를 펴고 말했어요.

"그때는 글자 수를 생각하면 돼요. '광어'와 '왼쪽'은 두 글자예요. '도다리'와 '오른쪽'은 세 글자이지요. 이렇게 기억하면 시간이 흘러도 헷갈릴 일이 없을 거예요. 자, 그럼 이것으로 광어와 도다리를 구별하는 설명을 마치겠습니다."

 어영차 씨는 꾸벅 인사를 하다가 다시 고개를 번쩍 들며 말했어요.

 "아이고, 참! 그 얘기를 까먹었네요. 그 얘기가 뭐냐면요. 혹시 물고기나 고기잡이에 대해 궁금한 게 있으면 댓글로 남겨 주세요. 그러면 제가 아는 대로 자세히 알려 드릴게요. 이제 진짜 마치겠습니다."

 어영차 씨가 다시 꾸벅 인사하는 모습으로 짧은 영상은 끝이 났어요. 첫 영상을 올린 어영차 씨는 설레기도 하고 부끄럽기도 했어요. 어차피 아무도 안 볼 텐데, 괜한 일을 한 건 아닐까 하는 후회도 들었지요. 그런데 동영상에 댓글이 달리기 시작했어요!

🟡 광어와 도다리가 늘 헷갈렸는데, 이 영상을 보고 확실히 구별할 수 있게 됐어요.

🔵 눈 보고 구별. 광어 - 왼쪽 - 두 글자, 도다리 - 오른쪽 - 세 글자. 기억 끝!

많지 않은 댓글이었지만, 어영차 씨는 말할 수 없이 뿌듯했어요. 꾸준히 동영상을 제작해 유튜브에 올렸지요. '비슷한 생선 구별하는 법 2탄, 조기와 부세', '생선 손질하는 법', '이 계절에는 이 생선이 맛있어요', '잡으면 안 되는 물고기', '바다낚시를 할 때 주의할 점' 등 영상은 대부분 물고기와 고기잡이에 관한 것이었어요. 그것만큼은 어부인 어영차 씨가 누구보다 잘 아니까요.

'영치기영차' 채널의 구독자 수와 동영상 조회 수는 하루가 다르게 늘어났어요. 어영차 씨는 기뻤지만, 그만큼 고민도 커졌어요.

'이번에는 어떤 것을 알려 줄까?'

어영차 씨는 댓글을 꼼꼼하게 읽으며 사람들이 알고 싶은 게 무엇인지 파악했어요.

'내가 아는 게 맞는지 다시 한번 확인해야겠어. 자칫 잘못된 정보를 준다면 도움은커녕 해가 될 수도 있으니 조심해야지.'

사람들에게 정확한 정보를 주기 위해 애쓰는 어영차 씨의 노력과 진심은 영상을 통해 고스란히 전해졌어요. '영치기영차' 채널과 어영차 씨의 인기는 점점 높아졌어요. 어느새 어영차 씨는 인기 유튜버가 되어 있었지요.

 똑똑똑 미디어

# 1인 미디어 시대가 열렸어요

뉴 미디어가 등장하기 이전에는 개인이 직접 글이나 그림, 사진, 영상 등을 많은 사람에게 보이는 일이 쉽지 않았어요. 특히 영상 방송을 하기란 거의 불가능했어요. 영상 방송은 방송사의 전파와 텔레비전을 통해서만 전달되었으니까요.

그러나 인터넷과 컴퓨터, 스마트폰 같은 뉴 미디어가 등장하면서 그 모든 게 가능해졌어요. 이제는 누구든 마음만 먹으면 인터넷에 글과 그림, 사진을 올려서 사람들에게 보여 줄 수 있어요. 스마트폰으로 손쉽게 동영상을 찍어 올리고, 실시간으로 방송도 할 수 있지요. 혼자서 콘텐츠를 기획하고, 제작하고, 전달할 수 있는 시대, 이른바 '1인 미디어 시대'가 열린 거예요.

## 동영상의 바다, 유튜브

유튜브는 구글이라는 회사가 운영하는 세계 최대 동영상 공유 사이트예요. 회사와 단체를 비롯해 개인도 동영상을 찍어서 유튜브에 올릴 수 있어요. 유튜브를 이용해 실시간 방송도 가능하지요. 물론 원하는 영상을 자유롭게 골라 볼 수도 있답니다.

유튜브 동영상은 길이나 내용에 큰 제약이 없어요. 그래서 몇 초짜리 짧은 동영상이 있는가 하면, 자그마치 500시간이 넘는 긴 동영상도 있지요. 또 정치, 경제, 예능, 음식, 패션, 게임, 반려동물 등 다양한 분야의 영상이 올라와 있어요.

## 콘텐츠를 만드는 크리에이터

인터넷에 올리는 갖가지 정보와 영상을 '콘텐츠(contents)'라고 불러요. 이 콘텐츠를 만들어 내는 사람을 '크리에이터(creator)'라고 하지요. 크리에이터가 '무엇을 만들어 내는 사람'이라는 뜻이거든요. 어영차 씨처럼 유튜브에서 활동하는 유튜버도 크리에이터에 속해요.

유튜브에는 수많은 크리에이터가 활동하고 있어요. 알찬 정보와 재미를 주어서 사람들 사이에서 유명해진 크리에이터도 있는데, 이들은 연예인 못지않은 인기를 누려요. 유튜브 채널을 운영하면 구독자 수와 동영상의 조회 수에 따라 수입을 얻을 수도 있어요. 그래서 크리에이터는 어엿한 직업으로 자리 잡았어요.

# (( 5장 ))
# 또 다른 세상, 소셜 미디어

뉴 미디어가 발달하면서 '소셜 미디어'라는 온라인 공간이 생겼어요.
소셜 미디어를 이용하면 다른 사람들과 정보, 생각, 경험 등을 나누며
더욱 가까이 지낼 수 있어요.

고요가 교실 문을 열고 들어가자, 들썩이가 친구들에게 둘러싸인 채 큰 소리로 떠들고 있었어요. 고요에게 반갑게 인사를 건네는 친구는 없었어요. 고요도 말없이 자리에 앉았어요. 그런데 들썩이가 후다닥 고요 곁으로 다가와 명랑한 목소리로 물었어요.

"고요야, 너도 영치기영차에 새로 올라온 동영상 봤어?"

고요는 고개를 까딱했어요.

"거기에 내가 나온 것도 봤어?"

고요가 다시 고개를 까딱였지요.

"나 어땠어? 조금 멋지게 나온 것 같아? 아니면 아주 멋지게 나온 것 같아? 응? 응?"

들썩이는 얼굴을 바짝 들이밀고 물어 댔어요.

"어…… 그게…….''

고요는 당황해서 우물쭈물했어요. 그러자 친구들이 몰려와 들썩이를 끌어당겼어요.

"야, 왜 착한 고요를 괴롭혀?"

"고요는 말하는 거 안 좋아하잖아!"

"앗! 내가 너무 흥분해서 그걸 잊어버렸네. 고요야, 미안하다, 미안해!"

들썩이는 마치 배우처럼 과장된 목소리로 말하며 제 발로 뒷걸음질 쳐서 자리로 돌아갔어요. 그 모습을 본 친구들은 다시 웃음을 터뜨렸지요.

사실 고요는 친구들과 말하는 걸 싫어하지 않았어요. 다만, 생각이 많아서 대답하는 데 시간이 오래 걸릴 뿐이었지요. 이번에도 고요는 뒤늦게 생각했어요.

'아까 들썩이가 물었을 때, 아주 멋지게 나왔다고 말해 줄 걸 그랬어.'

들썩이는 다시 우렁찬 목소리로 친구들에게 말했어요.

"아무튼 내가 나온 장면을 잘라서 SNS에 올렸으니까 내 계정에 들어와서 '좋아요' 좀 눌러 줘. 댓글도 달아 주고. 알았지! 내 SNS 아이디는……."

고요는 공책 한 귀퉁이에 들썩이의 아이디를 받아 적었어요.

그날 밤, 고요는 처음으로 SNS에 가입했어요. 들썩이의 계정을 찾아 들어갔지요. 익살스러운 표정으로 찍은 사진, 엉뚱한 생각을 적어 놓은 글, 떠도는 우스운 동영상 등 재미있는 게시물이 많았어요. 온라인 세상에서도 들썩이는 명랑하고 유쾌해 보였지요.

고요는 잠시 망설이다 들썩이의 계정을 팔로우 했어요. 그러고는 어영차 씨의 동영상을 올린 게시물을 찾은 다음, 하트를

꾹 눌렀지요. 마지막으로 이런 댓글도 달았어요.

🔵 너 아주 멋지게 나온 것 같다.

다음 날, 고요가 교실로 들어서자 들썩이가 반가운 얼굴로 달려왔어요. 반 친구들을 향해 자랑하듯 외쳤지요.

"얘들아! 어제 고요가 내 SNS에 댓글 써 줬다! '좋아요'도 눌러 줬어!"

"오!"

친구들 사이에서 감탄이 터져 나왔어요. 들썩이는 고요에게 말했어요.

"나도 너 팔로우 했어. 근데 네 계정에 들어가 봤더니, 게시물이 하나도 없더라. 너도 뭐 좀 올려. 그럼 내가 곧바로 댓글 달고 '좋아요'도 눌러 줄게. 알았지?"

고요는 이 말을 처음 들었을 때만 해도 게시물을 올려야겠다는 생각을 하지 않았어요. 그런데 SNS를 살펴보며 생각이 달라졌어요.

'이렇게 많은 사람이 SNS를 통해 자신을 드러내고, 서로를 관심 있게 지켜보며 친구 관계를 맺고 있었다니.'

고요는 마치 새로운 세상을 알게 된 느낌이었어요.

'글을 써서 올리는 건 충분히 생각해서 할 수 있지. 이곳에서라면 나도 마음이 통하는 친구를 사귈 수 있을지도 몰라.'

고요는 SNS에 글을 써서 올리기 시작했어요. 때때로 직접 찍은 사진도 올렸지요. 물론 고요가 올린 사진은 들썩이의 사진과 전혀 달랐어요. 돌담 아래에 핀 노란 민들레, 붉은 노을에 물든 바다, 무리 지어 날아가는 바다 철새 등 아름다운 풍경을 찍은 사진이 대부분이었지요.

그러자 고요의 게시물 아래에 댓글이 달리고, 쪽지도 날아들었어요.

- 오, 고요! 너 글 잘 쓰는구나.
- 네가 올리는 사진은 다 멋지다. 특히 이번 사진은 너무 멋져서 나 퍼 간다!
- 반가워! 게시물을 보고 나랑 성격이 비슷한 친구인 것 같아서 팔로우 했어. 내 계정에도 놀러 와 줄래?

고요는 빠짐없이 답장도 해 주고, 친구들의 SNS 계정을 찾아가 게시물을 살펴보고 댓글을 썼어요. 온라인 세상에서 고요는

goyo_0611

들썩이 님 외 21명이 좋아합니다
집으로 가는 길에 우연히 본
#민들레 #돌담

goyo_0611

들썩이 님 외 22명이 좋아합니다
시월의 마지막 날
#바다 #노을 #저녁감성

goyo_0611

들썩이 님 외 23명이 좋아합니다
올해도 어김없이 찾아온 반가운 철새
#철새 #하늘 #자유

점점 더 자유롭게 친구들과 소통하게 되었지요.

어느 날, 고요는 그동안 가슴속에 품고 하지 못했던 말을 SNS에 털어놓았어요.

goyo_0611 난 말하는 걸 싫어하지 않는다. 다만 생각하는 시간이 오래 걸려서 늘 말할 때를 놓친다. 그런데 이곳에서 친구들과 마음을 주고받을 수 있어서 참 좋다.

이튿날, 고요가 교실로 들어가자 들썩이가 커다란 목소리로 반갑게 인사를 건넸어요. 그러자 친구들이 기다렸다는 듯 줄줄이 인사를 건넸어요.

"안녕? 어서 와!"

"어…… 안녕?"

그날 아침, 고요는 '안녕'이라는 말을 아주아주 많이 했답니다.

## 똑똑똑 미디어

# 소셜 미디어란 무엇일까요?

소셜 미디어(social media)는 사람들이 정보, 생각, 경험 등을 서로서로 나눌 수 있는 온라인 공간과 기술을 말해요. 블로그, 트위터, 페이스북 등과 같은 소셜 네트워크 서비스가 대표적인 소셜 미디어에 해당하지요. 여기에 대해 자세히 알아볼까요?

### 소셜 네트워크 서비스

소셜 네트워크 서비스(social network service)는 쉽게 말하면 인터넷 통신망을 통해 사람과 사람을 연결해 주는 기술이에요. 흔히 소셜 네트워크 서비스의 영어 앞 글자를 따서 SNS라고도 부르지요. SNS에 글이나 사진, 소식 등을 올리면, 다른 사람이 자유롭게 볼 수 있어요. 또, 계정을 구독하면 게시물이 올라오는 즉시 알 수 있고, 쪽지를 주고받는 등 더욱 가깝게 소통할 수 있지요. SNS는 개인뿐 아니라 단체와 기업, 각 나라의 정부도 이용해요. SNS를 통해 생각을 전하고, 제품을 홍보하고, 정책을 널리 알릴 수 있기 때문이에요.

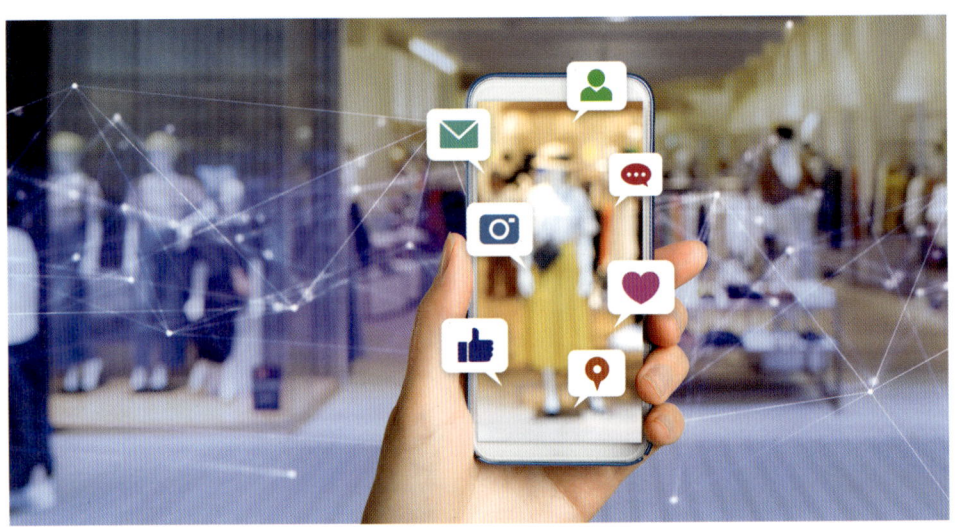

### 블로그

블로그(blog)는 자유롭게 글과 사진, 동영상을 올릴 수 있는 인터넷 사이트예요. 사용자에 따라 다양한 주제를 다룰 수 있어요. 여행, 맛집, 스포츠, 공연 등 각양각색의 블로그가 있어요.

### 트위터

트위터(twitter)는 '지저귀다'라는 뜻을 지니고 있는데, 한 번에 쓸 수 있는 글자 수가 140자로 제한되어 있는 소셜 네트워크 서비스예요. 짧은 글로 빠르게 소식을 전할 수 있다는 특징이 있지요.

### 페이스북

페이스북(facebook)도 글과 사진, 동영상을 자유롭게 올릴 수 있는 소셜 네트워크 서비스예요. 친구를 추천해 주는 기능이 있어서, 친구의 친구들을 연결해 주고, 나와 관심사가 비슷한 사람을 친구로 추천받을 수 있어요.

### 인스타그램

인스타그램(Instagram)도 사진과 동영상을 공유하는 소셜 네트워크 서비스예요. 서로 팔로우 하는 사용자끼리 다이렉트 메시지를 보낼 수 있고, 해시태그(#) 기능을 통해 원하는 정보를 쉽게 검색할 수 있어요.

어영차 씨의 유튜브 동영상에 등장한 뒤로, 들썩이의 SNS 친구 수는 부쩍 늘었어요.

"얘들아! 내 팔로워 수 봤나?"

"우아, 엄청나게 많다."

"내 인기가 이 정도다, 으하하."

들썩이는 SNS 친구가 늘어나서 기뻤어요. 날마다 게시물을 올리며 SNS 활동에 열을 올렸지요. 특히 '좋아요' 개수를 몹시 신경 썼어요.

"신난다! 이번에 올린 동영상은 대성공이야. '좋아요'를 엄청 많이 받았거든."

'좋아요'를 많이 받은 날이면 들썩이는 온종일 기분이 좋아서 싱글벙글했어요. 반대로 '좋아요'가 적으면 시무룩한 표정을 짓고, 친구들에게 얼른 '좋아요'를 누르라며 재촉했지요.

어느 날 아침, 교실로 들어선 고요는 교실 안의 분위기가 예전과 달라진 것 같아 이상한 느낌이 들었어요. 아이들이 와글와글 떠들며 서로 장난치는 모습은 여전했지만, 뭔가가 빠진 듯 허전했지요.

'뭐지?'

고요는 천천히 교실을 둘러보았어요. 그러다 스마트폰을 뚫어

져라 쳐다보고 있는 들썩이에게 눈길이 멈췄어요. 들썩이는 잔뜩 찌푸린 얼굴로 중얼거렸어요.

"아, 짜증 나. '좋아요'가 너무 적잖아."

늘 아이들에게 둘러싸인 채 큰 목소리로 우스갯소리를 하며 장난치던 들썩이가 달라졌어요. 이제는 스마트폰만 들여다보고 있었지요.

그날 점심시간에 고요는 우연히 친구들이 나누는 이야기를 들었어요.

"들썩이가 SNS에 너무 빠진 것 같아. 예전의 들썩이 같지 않아."

"완전히 중독됐어. 맨날 '좋아요'만 누르라고 난리잖아."

"근데 난 이번에 올린 동영상에는 '좋아요' 못 누르겠더라. 갈수록 억지로 웃기려고……."

더는 듣고 싶지 않았던 고요는 얼른 자리를 떠났어요. 친구들의 말이 틀린 것은 아니었지만, 고요는 들썩이를 이해할 수 있었어요.

'SNS는 또 다른 세계야. 그 세계에서도 사람들과 잘 지내는 방법이 존재하지. 친구의 게시물을 봐 주어야 하고, 내 게시물에 달린 댓글도 살펴봐야 해. 게다가 새로운 게시물까지 올리려면 보통 시간이 드는 게 아니거든.'

들썩이는 점심시간에 밥을 먹으면서도 스마트폰을 손에서 놓지 못했어요. 수업 시간에 몰래 SNS를 하다가 선생님께 꾸지람을 듣기 일쑤였지요.

스마트폰을 손에서 놓지 못하는 사람은 들썩이만이 아니었어요. 고요 역시 스마트폰이 없으면 불안했어요. 밤늦게까지 SNS를 하느라 늦잠을 자서 학교에 지각하는 날도 있었지요. 멋진 풍경을 보아도 감상에 젖기보다는 사진을 찍어서 SNS에 올려야겠다는 생각부터 들었어요.

그러던 어느 날 저녁, 어김없이 스마트폰을 들여다보고 있던 고요는 들썩이의 게시물이 올라왔다는 알림을 받았어요.

'이번에는 동영상을 올렸네. 뭘 올렸는지 볼까?'

동영상을 재생하자 귀여운 새끼 고양이가 보였어요. 커다란 눈망울을 하고 아장아장 걷는 새끼 고양이는 말할 수 없이 귀여웠지요.

"야, 너 진짜 귀엽다. 이거 우리 강아지 간식인데, 이리 와서 먹어 봐. 그래, 얼른 와."

들썩이의 목소리가 들리고, 간식을 내미는 손이 보였어요. 새끼 고양이는 경계심도 없이 쫄래쫄래 다가와서 간식을 핥으려고 했지요.

그 순간, 들썩이가 간식을 쥐고 있던 손을 뒤로 쏙 뺐어요. 줄 듯 말 듯 장난을 몇 번이나 거듭했지요. 그러자 새끼 고양이의 뒤쪽에 있던 어미 길고양이가 경계하듯 이빨을 드러냈어요. 마치 자기 새끼 곁에서 떨어지라고 경고하는 것 같았어요.

"새끼 고양이를 해치려는 게 아니야. 그냥 장난 좀 치면서 같이 놀려는 거야. 너도 간식 먹고 싶어서 그러냐? 자, 이거 먹어라."

들썩이는 어미 길고양이를 향해 간식을 휙 던졌어요. 간식이 길고양이의 몸에 맞고 바닥으로 떨어졌어요. 어미 고양이는 간식을 거들떠보지도 않았지요. 성난 모습으로 들썩이와 새끼 고양이를 향해 다가왔어요.

"아, 알았어! 갈게. 간다고!"

들썩이가 고양이들에게서 멀어지며 영상은 끝났어요. 고요는 차마 '좋아요'를 누르지 못한 채, 불안한 마음으로 댓글을 살폈어요.

- 🟠 어휴, 이건 같이 노는 게 아니라 약 올리는 거지. 새끼 고양이가 배고팠던 모양인데 불쌍하다.

- 🔵 야! 강아지 간식을 함부로 고양이한테 주면 안 돼. 잘못하면 먹고 탈이 난다고!

- 🔴 어미 고양이 불안하고 화나서 식식거리는 것 좀 봐. 하긴 나라도 저렇게 다가와서 놀리면 성질나겠다.

- 🟢 간식을 고양이한테 던진다고? 너, 이런 애였어? 실망이다.

댓글은 들썩이를 향한 비난으로 가득했어요. 심지어 욕설까지 달려 있었지요.

고요는 가슴이 철렁 내려앉았어요.

'이번에는 들썩이가 잘못했지만, 그렇다고 해도 그동안 들썩이를 좋아하던 사람들이 어쩜 이렇게 심한 말을 할 수가…….'

잠시 뒤, 들썩이는 동영상을 지웠어요. 잘못을 인정하며 상황을 해명하는 글을 올렸지요. 평소에 먹이를 챙겨 주던 길고양이

들로, 영상이 끝난 뒤에 고양이 사료와 물을 가져다주었다고 했어요.

 고요와 반 친구들은 들썩이의 말을 믿었지만, 다른 사람들은 그렇지 않았어요. 거짓말을 한다며 다시 비난과 욕을 퍼부었지요. 그러더니 '새끼 고양이 약 올리는 개념 없는 학생'이라는 제목으로, 들썩이의 동영상이 SNS에 퍼지기 시작했어요.

 이튿날, 고요가 학교에 가자 아이들이 가벼운 눈인사를 건넸어요. 누구도 크게 떠들거나 웃지 않았지요. 들썩이는 책상에 엎드려 있었어요. 손에는 여전히 스마트폰을 꼭 쥐고 있었지요.

 고요는 생각했어요.

 '뭔가 잘못되고 있어…….'

 똑똑똑 미디어

# 미디어가 드리운 그림자

미디어가 발달하자 사람들은 언제 어디서든 빠르고 편리하게 정보를 얻을 수 있게 되었어요. 다양한 문화를 접하며, 다른 사람과 자유롭게 소통할 수 있게 되었지요.
하지만 이렇게 긍정적인 변화만 있는 것은 아니에요. 잦은 미디어 사용이 불러온 문제는 무엇일까요?

### 미디어에 중독되고 있어요

아침부터 저녁까지 잠시도 미디어와 떨어지지 못하는 사람이 늘어나고 있어요. 집에 돌아오면 습관적으로 텔레비전이나 컴퓨터를 켜는 사람이 많아요. 밥을 먹을 때나 친구, 가족과 이야기를 나눌 때조차 스마트폰에서 눈을 떼지 못하는 사람도 있지요. 어떤 목적도 없이 지나치게 오랫동안 미디어를 사용하고, 스마트폰이 없으면 불안을 느끼기도 하는 미디어 중독 증세를 보이는 거예요.

### 자극적인 동영상이 자주 보여요

인터넷 동영상 사이트에는 조회 수를 높이려고 자극적인 영상을 올리는 사람들이 있어요. SNS도 예외가 아니에요. 사람들의 관심을 끌기 위해 자극적인 사진이나 영상을 올리는 사람이 많아요. 실제와 다른 모습으로 자기를 포장하는 사람들도 있지요. 그리고 다른 사람이 부유하고 화려하게 사는 모습을 보며 상대적으로 박탈감을 느끼는 사람도 생겼어요.

### 사이버 폭력과 범죄가 생겼어요

인터넷을 통해 갖가지 폭력적인 일이 벌어지고 있어요. 자신이 누구인지 드러나지 않는다는 점을 이용해 비난과 욕설을 퍼붓기도 하고, 대화방에서 친구를 따돌리거나 괴롭히기도 해요.
일상생활과 개인 정보가 쉽게 노출되다 보니, 이를 범죄에 이용하는 일도 생겼어요. 다른 사람의 개인 정보를 인터넷에 함부로 퍼뜨리거나 학교나 집을 알아낸 뒤, 따라다니며 괴롭히는 스토킹 범죄도 자주 벌어지고 있지요.

## 《 7장 》
# 보이는 게 다일까?

인터넷 회사는 개인이 자주 찾는 검색어나 즐겨 보는 콘텐츠를 파악해서 이용자에게 맞춤 정보를 제공해요. 그런데 이로 인해, 이용자가 한정된 정보에 갇히는 '필터 버블' 현상이 생겼어요.

편의점에서 물건을 고른 달콤 씨는 스마트폰을 보고 있는 판다 씨를 불렀어요.

"판다 씨! 판다 씨!"

판다 씨는 달콤 씨가 몇 번을 더 부른 뒤에야 고개를 들었어요.

"아, 예. 언제 오셨어요?"

"어머! 제가 온 것도 모르셨어요? 대체 뭘 보고 계시기에. 아무튼 여기 샴푸 값 받으세요. 근데 샴푸가 딱 하나 남아 있더군요."

"그런가요?"

판다 씨는 대수롭지 않다는 듯 말했어요. 달콤 씨에게 돈을 받아 탁자에 올려 두더니 다시 스마트폰을 들여다보았지요.

가게를 나온 달콤 씨는 길에서 뚝딱 씨를 만났어요. 이런저런 이야기를 나누다 달콤 씨가 걱정스러운 얼굴로 말했어요.

"근데 요즘 판다 씨가 조금 이상해진 것 같지 않아요? 가게 일에 통 신경을 쓰지 않던데요."

"조금이 아니라 많이 이상해졌어요. 며칠 전에는 저를 붙잡고 외계인이며 지구 종말 같은 이야기를 하더라고요."

"어머머! 왜 그러실까?"

판다 씨에 대한 소문은 널리의 귀에도 들어갔어요.

'떠도는 이야기가 사실인지 확인해 봐야겠군.'

널리는 편의점을 찾아갔어요. 그런데 가게 문이 닫혀 있었어요.
"어딜 가셨지?"
유리문을 통해 가게 안을 들여다보던 널리는 깜짝 놀랐어요. 가게 안이 예전과 너무도 다른 모습이었기 때문이에요.
판다 씨의 편의점은 크기는 작지만 없는 게 없을 정도로 다양한 물건을 갖추고 있었어요. 판다 씨는 늘 물건을 가지런히 정리해 두고, 먼지 한 톨 없도록 가게를 쓸고 닦았지요. 그런데 지금

은 가게 안이 휑했어요. 몇 개 남지 않은 물건들이 마구 뒤섞여 있었고, 선반에는 먼지가 뽀얗게 쌓여 있었지요.

그때 널리의 발에 종이 한 장이 밟혔어요. 종이에는 이렇게 쓰여 있었어요.

"통통 씨에게 물건 받으러 가느라, 잠시 자리를 비웁니다."

널리는 종이를 유리문에 잘 붙여 두고, 서쪽 부두로 달려갔어요. 오랜만에 판다 씨와 통통 씨를 만났지요. 판다 씨의 시큰둥한 목소리가 들려왔어요.

"난 요새 모든 게 부질없다는 생각이 들어. 어차피 언제 끝날지도 모를 세상이잖아."

널리는 화들짝 놀라며 물었어요.

"판다 아저씨, 혹시 몸이 몹시 아프세요?"

"아니, 난 건강해. 하지만 세상이 건강하지 못하지. 지구의 진실은 가려져 있고, 인류는 멸망할 위험에 처했으니까."

"그게 무슨 소린가?"

판다 씨의 뚱딴지같은 소리에 통통 씨가 화들짝 놀라며 물었어요.

"혹시 예전에 외계인이 지구를 침략하는 내용의 라디오 드라마를 기억하나?"

"그럼요. 기억하고말고요."

널리가 대답했어요.

"난 그 라디오 드라마를 아주 재미있게 들었다네. 그 뒤로 공상 과학 영화를 보고는 완전히 반해 버렸지. 스마트폰을 갖게 된 뒤로, 인터넷으로 공상 과학 영화를 실컷 보았어. 그러다 보니, 진짜 외계인이 있는 게 아닐까 하는 궁금증이 들더군."

"그야 그럴 수 있지."

"그럼요. 저도 외계인이 있다고 믿는걸요."

통통 씨와 널리는 차례로 맞장구를 쳤어요.

"그렇다면 이야기가 좀 통하겠군."

판다 씨는 반가운 표정으로 이야기를 계속했어요.

"그때부터 나는 인터넷으로 '외계인', '지구의 비밀 조직' 같은 것을 찾아봤지. 특히 유튜브에 그런 정보가 아주 많더군. 그렇게 진실을 알게 된 거야. 지구가 둥그런 모양이 아니라 평평하다는 사실과 인류의 조상이 실은 외계인이라는 사실을 말이야. 그리고 머지않아 행성이 충돌하거나 블랙홀에 빨려 들어가서 지구가 멸망하게 될 거라는 사실도 알게 됐다네."

통통 씨와 널리는 입을 딱 벌린 채 한동안 아무 말도 하지 못했어요. 판다 씨는 놀라는 두 사람을 보며 말했지요.

"설마, 자네들은 모르고 있었나? 유튜브에 들어가기만 하면 바로 그런 영상이 보이는데 어떻게 모를 수가 있어?"

"이보게, 나도 유튜브에 종종 들어가지만, 그런 말도 안 되는 소리를 하는 영상은 한 번도 본 적이 없어."

"그럴 리가 있나? 여기 이렇게 많은데?"

판다 씨는 자신의 스마트폰으로 유튜브를 열어서 보여 주었어요. 정말 판다 씨의 유튜브 화면에는 '지구 평평설', '지구를 지배하는 외계인', '지구 멸망 원인' 같은 동영상이 가득했어요.

"거참 이상하군. 나는 유튜브에 들어가면 맛집 동영상만 잔뜩 나오던데."

통통 씨가 고개를 갸웃했지요. 그때 널리가 말했어요.

"필터 버블 때문이에요."

"그게 뭔가?"

판다 씨와 통통 씨가 한목소리로 물었어요.

"유튜브를 포함해 많은 인터넷 회사가 이용자에게 맞춤 정보를 제공하고 있어요. 이용자가 자주 찾는 검색어, 즐겨 보는 동영상 등을 파악해서 그와 관련한 정보를 우선적으로 보여 주는 거예요. 그러니 판다 아저씨는 제한된 정보에 갇힌 상태가 된 거라고요."

"그럼 내가 외계인이나 지구 멸망 같은 내용의 동영상을 즐겨 보았기 때문에 내 유튜브 화면에 이런 게 잔뜩 보였단 말인가?"

"맞아요."

"그러고 보니 나는 맛집 동영상을 자주 찾아보곤 하지. 내 유튜브 화면에 맛집과 관련한 동영상이 많이 보였던 게 그 때문이었구먼."

통통 씨는 이제 알겠다며 고개를 끄덕였지요.

그런데 잠시 당황하던 판다 씨가 이내 단호한 목소리로 말했어요.

"그렇다 해도 지구가 멸망한다는 진실은 달라지지 않잖아?"

널리는 고개를 저었어요.

"아저씨가 유튜브에서 본 것은 사실이 아니에요."

판다 씨는 펄쩍 뛰었어요.

"무슨 소린가? 과학자들이 증명한 사실이라고 하던데."

"혹시 그 영상에서 과학자들의 이름을 정확히 말하던가요?"

"아니, 그건 아니고. 그냥 많은 과학자가……."

"유튜브에는 누구든 자유롭게 동영상을 제작해 올릴 수 있기 때문에 잘못된 정보를 담은 동영상도 많아요. 조회 수에 따라 돈을 벌 수 있어서 일부러 사람들의 호기심을 자극하는 동영상을 올리는 사람도 있어요."

"그렇군. 하지만……."

 널리와 통통 씨는 잘못된 정보를 접하고 착각에 빠진 판다 씨의 생각을 돌리려고 애썼어요. 판다 씨도 널리와 통통 씨의 말이 옳다는 것을 알게 되었지요. 하지만 생각을 바꾸는 게 쉽지 않았어요. 판다 씨는 얼굴을 잔뜩 찌푸린 채 생각했어요.

 '거참 이상하군. 내가 두려워하던 일이 거짓으로 밝혀졌는데, 왜 기쁘기는커녕 마음이 더 불편한지 모르겠어.'

 **똑똑똑** 미디어

# 필터 버블과 확증 편향

우리는 정보의 홍수 속에서 살고 있어요. 인터넷 기업들은 개개인이 자주 찾는 검색어와 즐겨 보는 콘텐츠 등을 파악해서 관심을 가질 만한 정보를 먼저 보여 줘요. 예를 들면 예능 프로그램을 즐겨 보는 사람의 유튜브 화면에는 예능 관련 프로그램이 주르르 떠요. SNS에서도 나와 비슷한 취미나 관심사를 가진 사람을 친구로 추천해 주지요. 그러나 이런 맞춤 정보를 제공하는 기술이 꼭 좋은 것만은 아니에요.

## 필터 버블에 갇히게 돼요

필터 버블(filter bubble)의 '필터'는 무엇을 걸러 내는 장치라는 뜻이에요. '버블'은 거품이라는 뜻이지요. 필터 버블이란 인터넷 회사가 정보를 걸러서 맞춤 정보를 제공하는 것으로 인해, 이용자가 거품에 갇히듯 한정된 정보에 갇히게 되는 현상을 말한답니다.
개인의 관심에 맞추어 정보를 제공받다 보면, 그만큼 보이는 정보가 제한적일 수밖에 없어요. 이용자는 다른 분야의 다양한 정보를 접할 기회를 잃게 되지요. 또 다양한 의견을 들을 기회도 빼앗겨요.

### 확증 편향이 심해져요

확증 편향이란 자기의 생각과 일치하는 정보는 받아들이고, 그렇지 않은 정보는 무시하는 것을 말해요. 사람은 대부분 자기 생각이 맞았다는 것을 알게 되면 기쁨을 느껴요. 반대로 자기 생각이 틀렸다는 것을 알게 되면 기분이 상하고, 나아가 자기가 틀렸음을 인정하기 싫어지지요. 판다 씨가 자신의 생각이 틀렸다고 하는 널리와 통통 씨의 말을 듣고 불편한 마음이 들었던 것도 바로 확증 편향 때문이에요.

그런데 필터 버블이 이런 확증 편향을 심하게 만들어요. 자기와 같은 생각을 가진 정보를 반복적으로 볼수록 믿음은 더욱 굳어지고, 자신과 다른 생각은 무조건 틀린 생각으로 여기게 되지요.

## 8장
# 물고기 가면이 올린 동영상

사실이 아닌 일을 사실처럼 알리는 뉴스를 '가짜 뉴스'라고 해요.
누구나 뉴스를 생산할 수 있는 뉴 미디어 시대가 되면서
가짜 뉴스는 온라인 커뮤니티와 SNS 등을 통해 빠르게 퍼졌어요.

판다 씨의 편의점은 차츰 예전 모습을 되찾았어요. 판다 씨가 자신이 필터 버블에 갇혔다는 사실을 알게 된 이유가 컸지만, 또 다른 이유도 있었어요.

빠른섬은 지도에 점으로 표시될 만큼 작은 섬이에요. 사람들에게 거의 알려지지 않아서 찾아오는 이도 없었어요. 그런데 어영차 씨의 유튜브 영상과 널리의 인터넷 신문을 통해 빠른섬이 사람들에게 알려지기 시작했어요. 작지만 아름답고 빠르게 변화하는 빠른섬! 빠른섬을 구경하러 오는 관광객이 점점 많아졌어요. 자연히 편의점을 찾는 관광객도 늘었지요.

'어이쿠, 빠른섬을 찾아온 손님들에게 지저분한 가게를 보여 줄 순 없지.'

판다 씨는 전처럼 부지런히 가게를 돌보게 됐어요.

관광객의 발길은 편의점뿐만 아니라, 섬 곳곳에 닿았어요.

"어영차 씨가 이곳 딸기 맛이 최고라고 하더군요. 그래서 빠른섬을 방문한 김에 사러 왔어요."

"어머! 그렇군요. 크고 잘 익은 딸기로 골라 드릴게요."

달콤 씨는 싼값에 맛있는 딸기를 듬뿍 담아 주었어요.

"빠른섬 사람들이 사용하는 가구를 여기서 만드는 모양이군요. 멋진 가구가 많은데, 사 갈 수 없어서 아쉽네요."

"제가 나뭇조각으로 작은 기념품을 만들어 두었으니, 그거라도 가져가세요."

뚝딱 씨는 목공소를 찾은 관광객에게 작은 기념품을 선물했지요.

"빠른섬을 한눈에 내려다보려면 어디로 가야 하죠?"

"저를 따라 오십시오."

슬기 할아버지는 관광객에게 길을 안내해 주었답니다. 이외에도 빠른섬 사람은 누구나 관광객을 반갑게 맞이했어요.

관광객 가운데에는 인기 유튜버인 어영차 씨를 만나고 싶어 하는 사람도 많았어요. 어영차 씨는 자신을 찾아온 사람들을 환한 웃음으로 맞았어요. 같이 사진도 찍고, 이런저런 물음에 대답도 해 주었어요. 배에 태워 바다낚시를 나서기도 했지요. 한번은 바다낚시를 가려는 사람이 너무 많아서 제비뽑기로 갈 사람을 정한 적도 있을 정도였어요.

그러던 어느 평화로운 저녁이었어요. 널리는 인터넷 신문에 올린 기사의 댓글을 찬찬히 살펴보고 있었어요. 그런데 어영차 씨를 향한 비난과 함께 '물고기 가면, 어영차의 실체를 밝히다'라는 유튜브 동영상이 링크가 된 댓글이 눈에 띄었어요.

널리는 고개를 갸웃하며 유튜브로 들어가 동영상을 찾아보았어

요. 과연 그런 동영상이 있었어요. 동영상을 재생하자, 웬 물고기 가면을 쓴 사람이 기계로 교묘하게 바꾼 목소리로 말했지요.

"험험, 안녕하십니까? 여러분, '영치기영차' 채널을 운영하는 어영차 씨를 아십니까? 혹시 그 사람을 순박한 어부, 물고기에 대해 모르는 게 없는 사람, 자신이 아는 정보를 사람들과 나누려고 노력하는 유튜버로 알고 계신가요? 그렇다면 잘못 알고 있는 겁니다. 그 인간에게 철저하게 속은 거예요!"

물고기 가면은 어영차 씨가 실제로는 엉큼한 사람이라고 했어요. 누구나 알고 있는 정보를 마치 자신이 알아낸 것처럼 떠벌리며, 오로지 돈을 벌기 위해 유튜브를 한다고 말했지요.

얼토당토않은 말에 널리는 눈살을 찌푸렸어요. 그런데 물고기 가면의 이야기가 갈수록 심각해졌어요.

"빠른섬을 찾아간 사람들은 어영차와 배를 타고 바다낚시를 가려면 돈을 줘야 합니다. 사람이 많을 때는 제비뽑기를 해서 갈 사람을 정하는데, 어영차는 몰래 돈을 받고 동그라미가 그려진 종이를 주지요. 그걸 손에 쥐고 있다가 뽑은 척하라고 시키는 거예요. 세상에! 멀리서 찾아온 사람들에게 그런 짓을 저지르다니! 해도 너무하지 않습니까!"

물고기 가면은 몹시 분개한 듯 책상을 탕탕 내리쳤어요.

널리는 어영차 씨가 누구보다 정직한 사람이라는 것을 잘 알고 있었어요. 빠른섬 사람들도 물고기 가면의 말을 믿지 않았지요. 그러나 인터넷 세상에서는 달랐어요.

물고기 가면의 동영상은 많은 사람이 활동하는 온라인 커뮤니티와 SNS를 통해 눈 깜짝할 새 퍼져 나갔어요. 동영상 아래에는 어영차 씨를 비난하는 댓글로 도배가 되었지요.

이따금 물고기 가면의 말이 거짓이라는 댓글도 달렸지만, 거센 물살에 휩쓸리듯 악성 댓글에 밀려 제대로 보이지 않았어요. 대신 다음과 같은 댓글이 사람들의 엄청난 추천을 받아 눈길을 끌었어요.

🟠 내 동생의 친구의 삼촌이 빠른섬에 갔을 때 어영차 씨의 배를 못 탔다고 하던데, 돈을 안 줘서 그랬나 보군.

자신에 대한 가짜 뉴스와 쏟아지는 비난에 어영차 씨는 큰 충격을 받았어요. 어떻게 해야 할지 모른 채 자리에 몸져눕고 말았지요.

그러던 때에 물고기 가면이 또 동영상을 올렸어요. 물고기 가면은 의기양양한 말투로 말했어요.

"험험, 어영차가 입을 꾹 다물고 있는 이유가 무엇이겠습니까? 제 말이 다 옳기 때문이에요. 그 인간은……."

물고기 가면은 지난번과 다를 것 없는 내용으로 한참이나 어영차 씨를 비난했어요. 그러더니 자신의 동영상을 널리 퍼뜨리고, '구독'과 '좋아요'를 꼭 눌러 달라는 말로 영상을 마무리 지었지요.

두 번째 동영상으로 어영차 씨를 향한 비난은 사그라들 틈도 없이 다시 불타올랐어요. 그러자 빠른섬 사람들 가운데에도 물고기 가면의 말을 믿는 사람이 생겨났어요.

"어영차 씨가 돈을 받았다는 게 사실인 모양이에요."

"그럴 줄은 몰랐군."

"사람 속은 원래 알 수 없지요. 어영차 씨가 유튜버가 될 거라고 누가 짐작이나 했었나요?"

그리고 빠른섬 신문 홈페이지에 다음과 같은 공지가 올라왔어요.

**빠른섬을 찾은 관광객 중에 어떤 이유로든 어영차 씨에게 돈을 요구받은 적이 있다면 제보해 주세요. 또, 이와 관련해 직접 듣거나 본 사람들의 제보도 기다립니다.**

공지를 본 사람들은 다음과 같은 댓글을 주고받으며, 유튜브와 커뮤니티, SNS에 공지를 퍼뜨리기 시작했어요.

- 🔵 빠른섬 신문이 어영차 씨 사건을 파헤칠 모양이군요.

- 🔴 어영차에게 돈을 뜯긴 사람이 한둘이 아닐 테니, 곧 제보자가 나타나겠지요.

- 🟢 그 어영차 유튜버의 비리가 낱낱이 밝혀지면 좋겠어요.

## 똑똑똑 미디어

# 가짜 뉴스가 무엇일까요?

뉴스란 중요하거나 사람들이 흥미를 가질 만한 정보와 사건을 말해요. 뉴스를 보도할 때는 정확한 사실만을 알려야 하지요. 가짜 뉴스는 사실이 아닌 일을 마치 사실인 것처럼 사람들에게 알리는 것을 말해요.

사실 가짜 뉴스는 아주 오래전부터 있어 왔어요. 하지만 올드 미디어 시대에는 뉴스를 보도하는 매체가 많지 않았기 때문에 가짜 뉴스가 생산되는 경우도 그리 많지 않았어요. 널리 퍼지기 전에 거짓이라는 사실을 밝힐 시간도 있었지요.

하지만 뉴 미디어 시대에는 누구든 쉽게 뉴스를 만들 수 있기 때문에 가짜 뉴스도 부쩍 늘어났어요. 커뮤니티와 SNS 등을 통해 가짜 뉴스가 순식간에 퍼지게 되었지요.

### 가짜 뉴스는 왜 만들고 퍼뜨릴까요?

가까 뉴스를 만들고 퍼뜨리는 이유는 아주 다양해요. 단순히 다른 사람의 관심을 받고 싶어서 만드는 경우도 있고, 가짜 뉴스를 진짜로 믿어서 다른 사람에게 전하는 경우도 있어요. 또 경쟁 기업의 성장을 방해하기 위한 목적, 다른 정당의 지지율을 떨어뜨리기 위한 목적을 갖고 가짜 뉴스를 생산하기도 하지요. 그런가 하면 어떤 개인이나 집단, 인종이 싫다는 이유로 가짜 뉴스를 만들고 퍼뜨리는 경우도 있어요.

### 가짜 뉴스는 더 빨리 퍼져요

가짜 뉴스를 만드는 사람들은 대부분 자극적인 제목과 글, 사진 등을 사용해요. 자연히 많은 사람의 관심을 끌고, 사람들에게 깊은 인상을 남기기도 하지요. 또, 이렇게 놀라운 소식을 얼른 다른 사람에게 알리고 싶은 마음도 불러일으킨답니다. 그래서 가짜 뉴스는 진짜 뉴스보다 더욱 빠른 속도로 퍼져요. 연구 결과에 따르면, 가짜 뉴스가 퍼지는 속도는 진짜 뉴스보다 여섯 배나 빠르다고 해요.

### 가짜 뉴스로 피해를 입게 돼요

가짜 뉴스는 개인의 명예를 훼손하고, 마음에 큰 상처를 입혀요. 기업이나 가게가 가짜 뉴스에 휘말리면 경제적으로 큰 손해를 보고, 가게 문을 닫게 되는 경우도 있어요. 정치와 관련한 가짜 뉴스는 사회를 혼란에 빠뜨리거나 민주주의를 위협할 수도 있어요.

빠른섬 마을회관
"어영차 씨 돈 요구 논란"
팩트 체크
유튜버 낚시대장이 퍼트린
악의적인 가짜 뉴스
24시
편의점

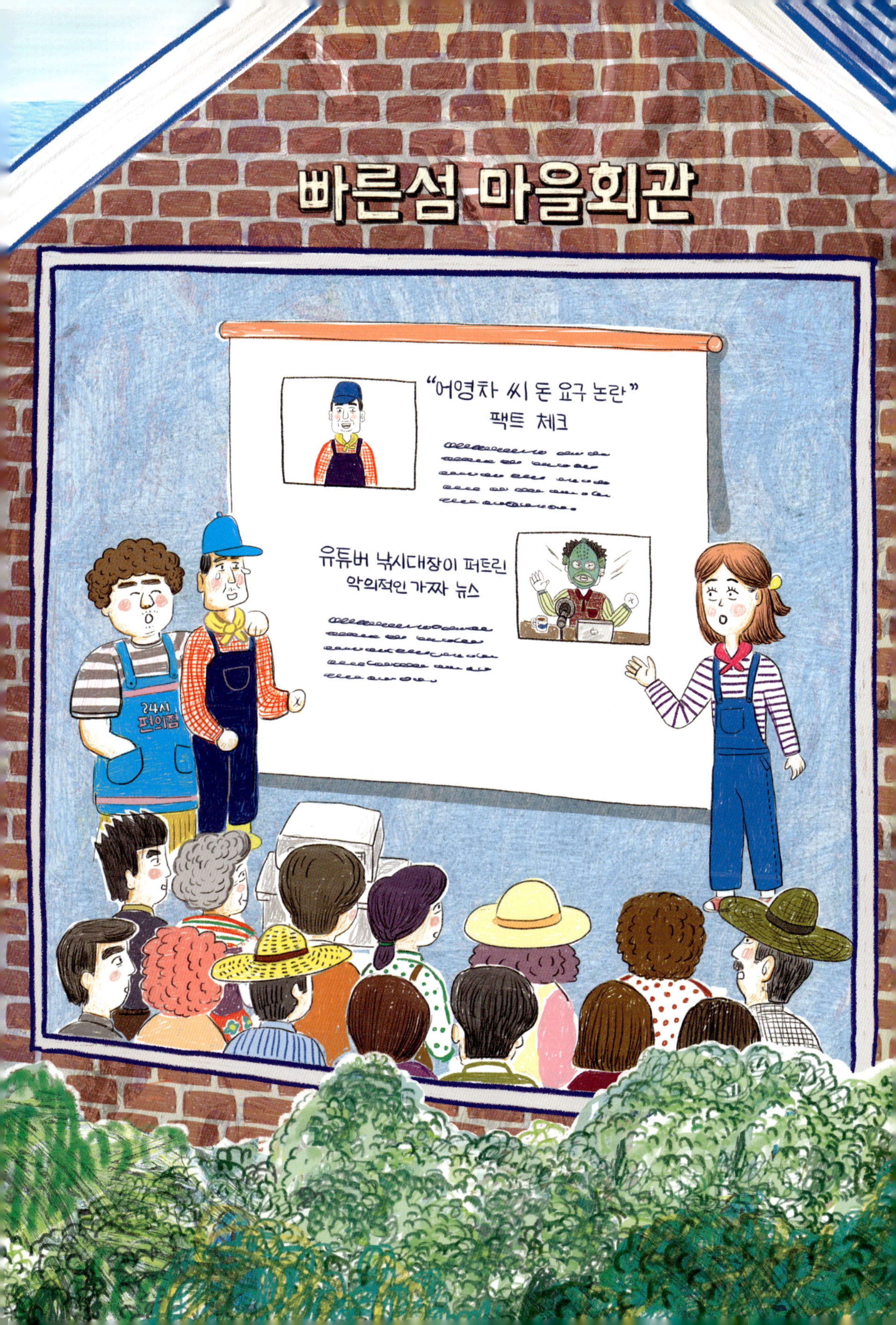

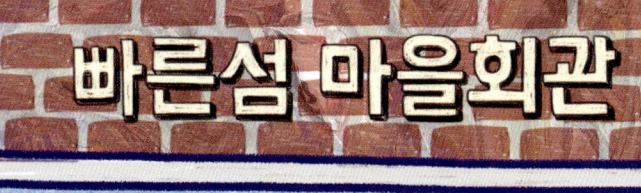

드디어 널리가 취재한 결과가 공개되었어요. 많은 사람이 관심을 갖고 인터넷 방송을 보았지요.

널리는 차분한 목소리로 말을 시작했어요.

"안녕하십니까? 빠른섬 신문의 널리 기자입니다. 지금부터 유튜버 어영차 씨에 관한 소문의 진실을 여러분께 알려 드리겠습니다."

널리는 여러 제보자를 직접 만났다고 했어요. 과연 널리와 제보자가 이야기 나누는 장면이 화면에 나왔어요.

제보자는 말했어요.

"저는 얼마 전에 빠른섬을 찾아가 어영차 씨를 만나고 함께 배도 탔어요. 그런데 그때 어영차 씨는 전혀 돈을 요구하지 않았어요. 어영차 씨에 관한 소문은 진실이 아닌 거죠."

"그렇군요. 하지만 어영차 씨가 다른 사람에게는 돈을 요구했을 수도 있잖아요?"

널리의 말에 제보자는 절대 그럴 리 없다고 했어요.

"제가 공짜로 배를 타고 바다낚시까지 다녀온 게 미안해서 어영차 씨에게 돈을 조금 드리려고 했어요. 그런데 어영차 씨는 펄쩍 뛰면서 끝끝내 받지 않으셨어요. 그런 분이 다른 사람에게 돈을 요구할 리가 있겠어요?"

이어서 널리가 또 다른 제보자를 만나는 모습이 나왔어요. 두 번째 제보자가 말했어요.

"제가 빠른섬으로 어영차 씨를 만나러 갔을 때는 주말이라 사람이 무척 많았어요. 그래서 원하는 사람이 모두 어영차 씨의 배를 탈 수는 없었죠. 어영차 씨는 이런 일이 처음이라며 몹시 난감해했어요."

"그래서 어영차 씨가 제비뽑기를 하자고 했군요?"

"아니요. 제비뽑기를 제안한 사람은 바로 저예요."

"예? 제보자께서요? 그렇다면 어영차 씨가 동그라미가 그려진 쪽지를 몰래 주고 돈을 받았다는 물고기 가면의 말은……."

"새빨간 거짓말이에요. 어디서 제비뽑기를 했다는 말을 주워 듣고 꾸며 댄 게 분명해요. 왜냐하면 제가 제비뽑기를 하자고 제안했지만, 종이랑 펜이 없었거든요. 그래서 바닷가에 있는 하얀 돌과 검은 돌을 주워서 모자에 담은 뒤, 그걸로 제비뽑기를 했어요."

곧바로 두 번째 제보자의 말을 증명하는 영상이 이어졌어요. 제보 영상에는 하얀 돌을 뽑아서 갈 수 있게 되었다며 좋아하는 사람들과 검은 돌을 뽑아서 아쉬워하는 사람들이 나왔어요. 어영차 씨는 멀찌감치 떨어져서 출항 준비를 하느라 바쁜 모습이었지요.

그 뒤로도 여러 제보자가 등장했어요. 그러나 어영차 씨가 돈을 요구했다고 말한 사람은 아무도 없었어요. 도리어 어영차 씨에 관한 가짜 뉴스가 떠도는 것을 안타깝게 여기며 진실이 밝혀지길 바란다고 했지요. 그러더니 마지막으로 널리에게 전화를 건 제보자의 목소리가 흘러나왔어요.

"물고기와 낚시 얘기를 주로 하는 '낚시 대장'이라는 유튜버가 있어요. 아주 전문가인 척해서 저도 그런 줄 알고 챙겨 봤죠. 제 취미가 낚시거든요. 근데 어영차 씨의 방송을 보고 그 사람이 잘못된 정보를 주었다는 걸 알게 됐어요."

"네, 하지만 그게 어영차 씨의 소문과 어떤 관계가 있다는 건지……."

"사람들이 낚시 대장에게 잘못을 지적하며 어영차 씨의 동영상을 보라는 댓글을 단 뒤로, 그 사람이 틈만 나면 어영차 씨 욕을 했어요. 그러니까 가짜 뉴스를 퍼뜨린 물고기 가면의 정체가 바로 낚시 대장이란 말입니다."

"단순히 욕을 했다는 이유만으로 낚시 대장이 물고기 가면이라고 단정할 수 있을까요?"

널리가 야무진 목소리로 물었어요.

"낚시 대장과 물고기 가면의 동영상을 비교해 보세요. 비록 얼굴을 가리고 목소리를 변조했지만, 대번에 같은 사람이라는 걸

알 수 있을 거예요."

제보자의 말이 끝나자마자 화면에 낚시 대장과 물고기 가면이 나란히 나왔어요. 가면 밖으로 밤송이처럼 뻗친 머리, 왼쪽 귀에 난 검은 사마귀, 뒤로 보이는 방 안의 풍경까지 똑같았어요. 말을 시작할 때 '험험' 헛기침을 하고, 화가 나면 책상을 탕탕 내리치는 습관도 꼭 같았지요.

영상을 본 사람들은 깜짝 놀랐어요.

🟠 충격! 어영차 씨에 대한 소문이 가짜였다니!!!

🔵 낚시 대장이라는 유튜버가 어영차 씨를 질투해서 물고기 가면을 쓰고 가짜 뉴스를 퍼뜨린 거였어?

🔴 헉, 사람들 다 속았네. 어영차 씨 불쌍하다.

사람들은 어영차 씨의 유튜브 채널을 찾아와 사과와 응원의 댓글을 달았어요. 한편, 정체가 들통난 낚시 대장이자 물고기 가면은 채널을 통째로 없애 버리고 두 번 다시 모습을 나타내지 않았지요.

마침내 누명을 벗은 어영차 씨는 수척해진 모습으로 널리를 찾아왔어요. 널리의 손을 꼭 잡으며 말했지요.

"진실을 밝혀 주어서 고맙네."

어영차 씨의 가짜 뉴스 사건은 섬사람들에게 큰 충격으로 다가왔어요. 잠시나마 어영차 씨를 오해했던 사람들은 몹시 미안해했어요. 누구든 가짜 뉴스의 피해자가 될 수 있고, 때로는 자신도 모르게 가해자가 될 수 있다는 사실에 두려움을 느꼈지요.

널리를 만난 섬사람들은 이렇게 말했어요.

"그렇게 가짜 뉴스를 만들어 내는 사람이 있을 줄은 꿈에도 몰랐다네."

"진실이 밝혀져서 다행이지, 그렇지 않았다면? 어이구, 생각하기도 싫군."

"그렇다고 미디어를 사용하지 않을 수도 없으니, 정말 걱정이에요."

널리도 사람들과 같은 생각을 했어요. 하지만 뾰족한 해결 방법이 떠오르지 않았지요. 널리는 슬기 할아버지를 찾아가 지혜를 구했어요.

"가짜 뉴스는 어제오늘의 일이 아니라네. 아주 오래전부터 존재했지. 그러나 다양한 뉴 미디어를 이용하는 오늘날에 그 문제가 더 심각해졌어. 예전과 비교할 수 없을 정도로 가짜 뉴스가 빠르게 퍼지고, 많은 사람에게 영향을 미치게 되었으니까."

"그러니 어쩜 좋지요?"

"우리는 미디어가 전하는 정보와 콘텐츠를 비판적인 시선으로 바라보아야 한다네. 동시에 자기 생각을 미디어로 전할 때는 책임감을 가져야 하지. 이제 우리에게는 미디어를 바르게 이해하고 활용하는 '미디어 리터러시' 능력이 필요한 거야."

"오! 그렇군요."

널리는 슬기 할아버지에게 '미디어 리터러시 능력을 키워요!'라는 제목의 특집 기사를 부탁했어요. 그 기사를 빠른섬 신문에 올려 섬사람들에게 알렸지요.

# 미디어 리터러시 능력을 키워요

우리는 미디어를 통해 필요한 정보를 얻고, 새로운 뉴스도 들어요. 하지만 그 가운데에는 잘못된 정보, 사실과 다른 가짜 뉴스도 많아요. 이를 모른 채 다른 사람들에게 알리게 되는 경우도 있지요. 따라서 우리에게는 '미디어 리터러시(media literacy)' 능력이 필요해요.

미디어는 무엇인지 아는데, 리터러시가 무슨 뜻이냐고요? 리터러시란 '글을 읽고 쓸 수 있는 능력'이란 뜻이에요. 그러니 미디어 리터러시란 '미디어를 이해하고 활용할 수 있는 능력'을 의미하지요. 그렇다면 미디어 리터러시는 어떻게 키울 수 있을까요?

> 미디어 리터러시 ➡ 미디어를 이해하고 활용하는 능력

### 꾸준한 연습과 노력이 필요해요

평소에 뉴스를 많이 보고, 친구나 가족, 선생님과 이야기를 나누어 보세요. 또, 친구들과 주제를 정한 뒤에 다양한 미디어를 이용해 관련한 뉴스, 정보 등을 찾아보는 것도 좋아요. 직접 뉴스를 만들어 보는 것도 미디어 리터러시를 키우는 데 도움이 돼요. 기사를 작성한 다음, 친구들과 함께 잘못된 내용과 부족한 부분이 있는지 분석하며 평가해 보는 거예요.

미디어를 이해하고 활용하는 능력은 단숨에 기를 수 없어요. 좋은 정보와 콘텐츠를 찾으려는 노력이 필요하고, 정보를 생산하고 전할 때는 책임감을 가져야 해요.

## 정보를 비판적으로 바라보아요

미디어가 전하는 정보와 콘텐츠를 무조건 받아들여서는 안 돼요. 비판적으로 바라보며 다음과 같은 내용을 꼼꼼히 확인해 보세요.

- 정보를 알리는 사람이 누구인지, 믿을 만한지 알아보아요.

- 제목과 내용이 걸맞은지, 내용에 맞는 그림이나 사진, 영상을 담았는지 눈여겨보아요. 또한 어떤 사람의 의견을 인용했다면, 그 사람이 전문가인지를 확인해요.

- 어느 한쪽의 입장이나 주장만을 담고 있지는 않은지, 사실이 아닌 추측만으로 쓴 정보는 아닌지 확인해요.

- 개인이나 집단, 지역에 대한 차별과 혐오가 담기지 않았는지 살펴보아요.

10장

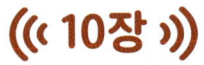

# 우리가 만들어 갈 미디어 세상

미디어는 이제 우리에게 없어서는 안 될 존재가 되었어요.
그러나 미디어를 바르게 사용하지 않아서 많은 문제가 일어나고 있어요.
따라서 우리는 미디어를 올바르게 사용하는 방법을 알아야 해요.

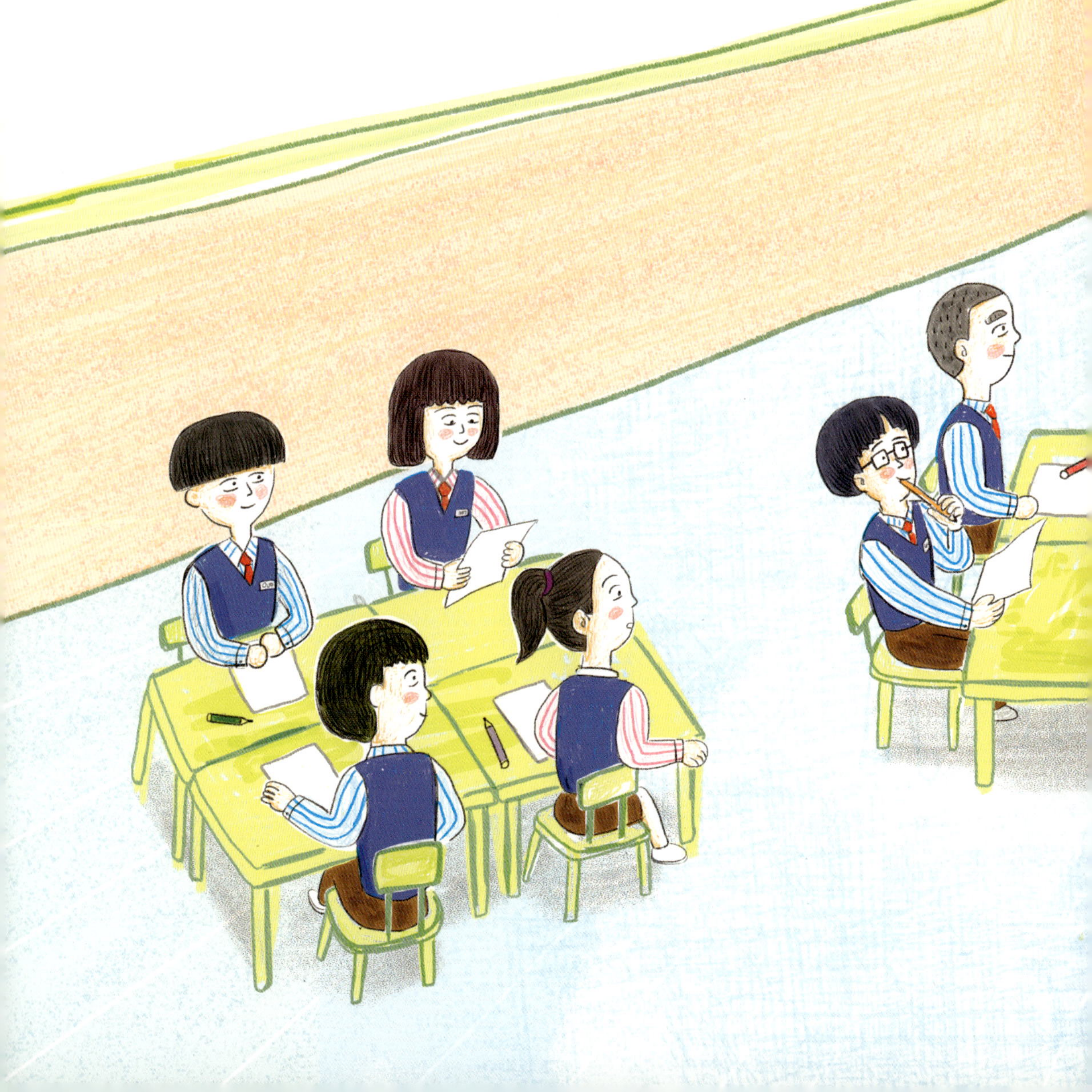

섬사람들에게 가짜 뉴스 사건은 미디어에 대한 경각심을 불러일으켰어요. 미디어 리터러시가 필요하다는 기사가 많은 사람의 공감을 자아냈지요.

고요도 미디어에 대해 다시 생각하게 되었어요.

'미디어는 유용하지만, 무서운 면도 지니고 있어. 사람들은 자기의 정체가 드러나지 않는다는 점을 이용해 아무렇지도 않게 악담과 욕을 퍼붓지. 다행히 어영차 아저씨는 누명을 벗었지만, 아마 그때 받은 충격과 상처는 오래도록 지워지지 않을 거야. 그리고 들썩이는…….'

고요는 들썩이를 떠올렸어요.

시간이 흐르면서 들썩이의 새끼 고양이 동영상은 사람들에게 잊혔어요. 하지만 SNS에서 완전히 사라지지는 않았어요. 간간이 다시 올라오면 비난의 댓글이 달렸지요. 사람들의 관심은 줄었지만, 들썩이는 여전히 신경을 쓰며 악담과 욕설에 상처를 입었어요.

게다가 대화방에서도 들썩이를 향한 반 친구들의 은근한 놀림이 계속되었어요. 어느 일요일, 반 친구들의 대화방에는 다음과 같은 글이 오갔어요.

민준
얘들아! 오늘 우리 집 고양이가 새끼 낳았다!

윤채
오! 귀엽겠다.

이원
새끼 고양이…… 그 새끼 길고양이도 귀여웠는데.

준수
그러게. 나도 생각나네ㅋ

들썩들썩 들썩이
그래, 내가 잘못한 거 맞아.
그리고 그 새끼 고양이는 잘 자라고 있어.

이원
어어, 난 누가 뭘 어쨌다고 안 했는데?

수현
음, 도둑이 제 발 저린다는 속담이 생각나는군.

준수
ㅋㅋㅋㅋㅋ

고요는 대화방을 보며 마음이 무거웠어요.

'반 친구들은 들썩이를 싫어하지 않아. 학교에서 얼굴을 보며 생활할 때는 심한 말을 하지 않지. 그런데 왜 얼굴이 보이지 않는 대화방이나 SNS에서는…….'

가만히 생각하던 고요는 얼마 뒤, 친구들에게 자기의 생각을 말했어요.

얘들아, 너희에게 하고 싶은 말이 있어.

 윤채
어, 고요 안녕?

 민준
고요가 먼저 할 말 있다고 한 거 처음 아니냐?

 이원
고요가 말하게 고요해야지!

이렇게 대화방이나 SNS를 통해서 너희와 이야기를 나눌 수 있어서 참 좋아. 그런데 인터넷 공간에 쓰인 글을 보면, 얼굴을 마주하고는 하지 않을 말을 아무렇지도 않게 하는 것 같아.

얼굴이 보이지 않으니까 더욱 예의를 지켜야 하는 게 아닐까? 언어로도 누군가에게 상처를 줄 수 있어. 악담이나 욕설뿐만 아니라, 은근히 따돌리고 놀리는 말도 친구를 아프게 할 수 있지. 난 우리가 그러지 않으면 좋겠어.

고요가 글을 쓴 뒤, 대화방은 얼어붙은 듯 멈추었어요. 친구들은 말없이 글을 읽고, 저마다 생각에 잠겼지요. 마침내 다음과 같은 글이 천천히 올라오기 시작했어요.

수현
고요 말이 맞다. 아까 내가 속담 들먹이면서 비꼰 거 잘못했어. 들썩아, 미안해.

이원
나도 놀린 거 사과할게. 미안하다.

윤채
그래, 언어폭력도 폭력이야.

연재
난 대놓고 욕하는 것보다 은근하게 따돌리고 놀리는 게 더 나쁘다고 생각해. 화를 내기도 애매하니까. 마침 고요가 잘 말해 주었어.

준수
들썩이한테 상처 주려던 건 아냐. 아무 생각 없이 그런 거지. 하긴 아무 생각 없이 그러는 것도 문제지만ㅋ

민준
근데 들썩아! 너도 스마트폰 좀 그만 들여다봤으면 좋겠어. 우리랑 노는 게 더 재미있지 않냐?

들썩이
응, 그럴게. 다들 고맙다.

친구들은 솔직하게 이런저런 이야기를 나누었어요. 그리고 마지막으로 다음과 같은 이야기를 했지요.

이원
얘들아, 갑자기 어떤 말은 얼굴을 보면서 하는 것보다 채팅으로 하는 게 더 낫다는 생각이 들었어. 얼굴을 마주하고는 이런 이야기를 솔직하게 나누지 못했을 거 같아.

준수
근데 내일 아침에 우리 얼굴 보면? ㅋㅋㅋㅋㅋ

이튿날 아침, 고요가 교실 문을 열고 들어가자, 들썩이가 친구들에게 둘러싸인 채 큰 소리로 떠들고 있었어요. 들썩이는 고요를 향해 손을 번쩍 들며 인사했지요.

"안녕? 어서 와!"

"그래, 안녕?"

고요가 대답했어요. 이어서 쑥스러운 표정으로 웃음을 참고

있는 듯한 반 친구들과도 반갑게 인사를 나누었어요. 자리에 앉은 고요는 가방에서 스마트폰을 꺼내려다 도로 넣었어요. 씩 웃으며 모여 있는 친구들 곁으로 향했지요.

빠른섬 사람들은 전과 다름없이 미디어를 이용했지만, 달라진 점도 있었어요.

"곰곰 할머니, 그 기사 보셨어요? 어떤 가족이 식당에 갔다가 주인에게 욕을 먹고 내쫓겼대요."

방앗간을 찾은 달콤 씨가 곰곰 할머니에게 말했어요.

"암, 봤지. 근데 손님 말만 기사로 전했더군. 가게 주인 얘기가 쏙 빠졌어. 그래서 난 가게 주인 입장이 나올 때까지는 기사 내용을 믿지 않기로 했어."

통통 씨는 부두를 찾아온 판다 씨에게 말했어요.

"내가 보낸 UFO 사진 받았지? SNS에서 봤는데, 며칠 전에 한강 근처에서 찍혔다더군. 보자마자 자네가 좋아할 것 같아서 보냈지."

"그건 조작된 사진일 가능성이 높아. 진짜라면 믿을 만한 언론에 보도되고, 전문가들이 나와서 확인도 해 주었을걸. 그러니 믿을 수 없는 사진을 함부로 퍼뜨리면 안 돼."

이제는 친구처럼 가까워진 널리와 슬기 할아버지는 새로운 미디어에 관한 이야기를 나누었어요.

"할아버지, 가상의 세계인 메타버스도 곧 많은 사람이 이용하게 되겠지요?"

"그렇게 되겠지. 메타버스가 실현되면 우리의 삶이 어떻게 변화될지 궁금하군."

"분명히 좋은 점도 있고, 나쁜 문제도 생길 거예요. 하지만 결국 그 문제를 해결할 방법을 찾고, 바르게 이용할 방법도 깨닫게 되겠지요. 우리 빠른섬 사람들이 그랬던 것처럼요."

널리의 말에 슬기 할아버지는 고개를 끄덕이며 빙그레 미소 지었답니다.

**똑똑똑 미디어**

# 올바른 미디어 사용법

미디어는 이제 우리에게 없어서는 안 될 존재가 되었어요. 그러나 미디어를 잘못 사용해서 많은 문제가 벌어지고 있는 만큼, 우리는 미디어를 올바르게 사용하는 방법을 알아야 해요.

### 스마트폰 중독 예방 방법

- 사용 시간을 정해요.
- 꼭 필요한 것만 보고, 무의식적으로 보지 않도록 해요.
- 게임 어플을 정리하고, 게임을 할 때는 시간이나 횟수를 정해서 해요.
- 잠들기 전에는 사용을 자제해요.
- 취미 생활과 야외 활동을 늘려요.

### 사이버 범죄 예방 방법

- 인터넷에 이름, 학교, 주소 같은 개인 정보는 올리지 않아요.
- 모르는 사람이 보낸 링크나 첨부 파일은 열지 않아요.
- SNS로 알게 된 사람이 만나자고 할 때, 겁을 주며 어떤 요구를 따르라고 할 때는 곧바로 부모님이나 선생님에게 알려야 해요. 절대 말없이 만나러 가거나 요구를 들어주어서는 안 된다는 걸 명심해요.

### 메타버스

메타버스(metaverse)는 가상, 초월을 의미하는 '메타(meta)'와 세계, 우주를 의미하는 '유니버스(universe)'를 합친 말이에요. 즉 '현실을 초월한 가상의 세계'라는 뜻이지요. 이 말은 1992년에 미국의 닐 스티븐슨이 쓴 〈스노 크래시〉라는 소설에 처음 등장해요.

메타버스는 현실과 완전히 떨어진 세계가 아니에요. 이미 우리 곁에서도 찾아볼 수 있지요. 예를 들어 입체 영상으로 즐기는 각종 게임, 인터넷으로 유물을 보거나 설명을 들을 수 있는 디지털 박물관, 그리고 온라인 원격 수업 등도 메타버스에 해당해요. 메타버스 기술은 이제 시작 단계예요. 앞으로 어떻게 발전하고 이용할지는 누구도 정확히 알 수 없어요. 그러나 메타버스로 인해 시간과 공간 같은 현실적인 제약에서 벗어나, 좀 더 자유롭고 다양한 경험을 할 수 있게 될 거예요.

# 한눈에 보는 정보 통신 기술의 발달과 미디어

'정보 통신 기술'이란 사람들에게 도움을 주는 정보를 만들고, 모으고, 나눌 수 있는 기술과 기계를 통틀어 이르는 말이에요. 정보 통신 기술이 어떻게 발달했는지 함께 살펴볼까요?

### 💬 인쇄술

종이에 글이나 그림을 찍어낼 수 있는 기술이에요. 인쇄술이 발달하면서 정보가 담긴 문서를 대량으로 찍어 내고 많은 사람이 볼 수 있게 되었어요.

인쇄소 풍경과 구텐베르크가 만든 활판 인쇄기

### 💬 유선 전신기

전신기는 문자나 숫자를 표현할 기호를 미리 약속해 두고, 이를 전기 신호로 보내서 소식을 전하는 기술이에요. 1837년에 미국의 새뮤얼 모스가 전기를 이용해 신호를 보낼 수 있는 유선 전신기를 발명했어요.

새뮤얼 모스와 유선 전신기

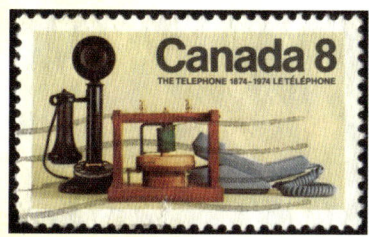

캐나다에서 인쇄된 전화 100주년 기념 우표. 전화기의 형태가 발전된 모습을 보여 줘요.

### 💬 전화

사람의 목소리를 전기 신호로 바꾸어 먼 곳으로 보내고, 그 전기 신호를 다시 목소리로 바꾸어 들려주는 통신 기술이에요. 1876년에 그레이엄 벨이 전화기를 만들었어요. 전화가 등장하면서 멀리 떨어져 있는 사람과도 목소리를 들으며 소식을 전할 수 있게 되었어요.

### 💬 무선 전신기

전선으로 연결하지 않고도 전파를 이용해 신호를 보낼 수 있는 기술이에요. 1896년 이탈리아의 마르코니가 무선 전신기를 발명했어요. 이때부터 움직이는 기차와 배, 비행기와도 통신이 가능해졌어요.

무선 전신기를 발명한 마르코니

고급 라디오의 대명사였던 제니스 라디오

### 💬 라디오

무선 전신 기술이 발달하면서 목소리와 음악을 전파로 보내고, 이를 다시 소리로 바꾸어 들려주는 라디오가 만들어졌어요. 1906년에 미국의 페선던이 크리스마스 인사와 음악을 전파에 실어 보내는 최초의 라디오 방송을 했지요. 우리나라는 1927년에 처음 라디오 방송을 했어요.

1966년 금성사에서 만든 우리나라 최초의 흑백텔레비전

### 💬 텔레비전

방송국에서 소리와 영상을 전파로 보내면, 이를 받아서 소리와 영상으로 바꾸어 보여 주는 기계예요. 1925년에 영국의 베어드가 기계식 텔레비전을 처음 만들었어요. 그 뒤, 좀 더 화면이 선명한 전자식 텔레비전이 나왔지요. 초기의 텔레비전은 화면을 흑백으로만 표시했어요. 기술이 발전하면서 오늘날처럼 다양한 색상을 보여 주는 컬러텔레비전이 나왔지요.

### 💬 컴퓨터

전기 회로를 이용해 다양한 자료를 빠르게 처리하고 정보를 저장할 수 있는 기계예요. 최초의 컴퓨터는 1946년에 만들어진 '에니악'이에요. 빠른 속도로 계산을 할 수 있었지만, 엄청나게 크고 무거웠어요. 그러나 기술이 발달하면서 컴퓨터의 크기는 작아지고 기능은 더욱 우수해졌지요.

최초의 컴퓨터 에니악

### 💬 인터넷

사람들이 정보를 주고받을 수 있도록 전 세계의 컴퓨터를 연결한 통신망이에요. 인터넷 기술은 1969년에 미국 정부가 4개의 대학을 연결하며 시작되었어요. 1990년대에는 전 세계 사람들이 인터넷을 편리하게 이용할 수 있는 '월드 와이드 웹(www)' 기능이 등장하면서 정보를 검색하고 문자와 그림, 사진, 음성, 동영상 등을 쉽게 주고받을 수 있게 되었지요.

## 위성 통신

통신을 목적으로 우주 공간에 쏘아 올린 인공위성을 통신 위성이라고 해요. 이 통신 위성으로 지구 곳곳에서 정보를 수집하고, 원하는 곳에 보내 주지요. 위성 통신은 1960년대 본격적으로 시작되었어요. 우리가 다른 나라에서 벌어지는 올림픽 경기를 볼 수 있는 것도 위성 통신 덕분이에요.

지구 궤도를 돌고 있는 인공위성

## 휴대 전화와 이동 통신

휴대 전화는 가지고 다니면서 전화를 걸고 받을 수 있는 작은 무선 전화기예요. 다른 말로, '이동 통신 단말기'라고도 부르지요. 휴대 전화는 1973년에 처음 개발되었는데, 이때는 음성만 주고받을 수 있었어요. 그러나 기술이 점점 발달하면서 여러 가지 기능이 추가되었어요. 오늘날에는 휴대 전화에 컴퓨터 기능이 더해진 스마트폰을 이용해 문자와 사진, 동영상을 주고받고, 인터넷도 할 수 있지요.

### 여기는 빠른섬 미디어를 배웁니다

**펴낸날** 초판 1쇄 2023년 4월 10일

**글** 한화주 | **그림** 이수영
**편집** 이정아 | **디자인** 김윤희 | **홍보마케팅** 배현석 송수현 | **관리** 최지은 이민종
**펴낸이** 최진 | **펴낸곳** 천개의바람 | **등록** 제406-2011-000013호 | **주소** 서울시 영등포구 양평로 157, 1406호
**전화** 02-6953-5243(영업), 070-4837-0995(편집) | **팩스** 031-622-9413
**사진** Shutterstock, 19쪽 봉수대 - 한국학중앙연구원, 126쪽 금성사 텔레비전 - 문화재청

ⓒ한화주·이수영, 2023 | ISBN 979-11-6573-410-7 73300

\* 이 책은 저작권법에 따라 보호받는 저작물이므로 무단전재와 무단복제를 금지하며,
   이 책 내용의 전부 또는 일부를 이용하려면 반드시 저작권자와 천개의바람의 서면 동의를 받아야 합니다.

\* 잘못 만든 책은 구입하신 서점에서 바꾸어 드립니다. 천개의바람은 환경을 위해 콩기름 잉크를 사용합니다.
\* 종이에 베이거나 긁히지 않도록 조심하세요. 책 모서리가 날카로우니 던지거나 떨어뜨리지 마세요.

**제조자** 천개의바람 **제조국** 대한민국 **사용연령** 10세 이상